HARRAP'S

Parler l'espagnol en voyage

Lola Busuttil
Susana Fernández Lasa

HARRAP

21, rue du Montparnasse
75283 Paris Cedex 06

HARRAP's® est une marque de Larousse SAS.
www.harrap.com

ISBN 978-2-81-870606-0

Direction du département Dictionnaires et Encyclopédies : Carine Girac-Marinier

Direction éditoriale : Claude Nimmo

Suivi éditorial : Beata Assaf

Mise à jour : David Tarradas

Informatique éditoriale : Dalila Abdelkader

Conception graphique : Sophie Rivoire

Mise en page : Les PAOistes

Fabrication : Rebecca Dubois

Édition précédente

Direction éditoriale : Anna Stevenson

TABLE DES MATIÈRES

Table des matières

Liste des planches

Table des matières

Abréviations utilisées dans ce guide

adj	adjectif
adv	adverbe
f	nom féminin
fpl	féminin pluriel
m	nom masculin
mf	nom masculin et féminin
mpl	masculin pluriel
n	nom
plur	pluriel
sing	singulier
v	verbe

PRONONCIATION

Alphabet

Voici comment prononcer les lettres de l'alphabet en espagnol :

a	*a*	**m**	***é**mé*
b	*bé*	**n**	***é**gné*
c	*thé*	**ñ**	***é**nié*
d	*dé*	**o**	*o*
e	*é*	**p**	*pé*
f	***é**fé*	**q**	*cou*
g	*xé* (sorte de râclement, très guttural)	**r**	***é**rré*
h	***a**tché*	**s**	***é**ssé*
i	*i*	**t**	*té*
j	*x**o**ta* (sorte de râclement, très guttural)	**u**	*ou*
k	ka	**v**	***ou**bé*
l	***é**ïllé*	**w**	***ou**bé d**o**blé*
ll	***é**lié*	**x**	***é**kiss*
		y	***i** gri**é**ga*
		z	*th**é**ta*

Prononciation et intonation

Pour chaque phrase donnée en espagnol dans ce guide, vous trouverez sa prononciation indiquée en italique. En lisant simplement cette transcription phonétique, vous pourrez vous faire comprendre par un hispanophone.

Veillez à accentuer les voyelles et syllabes qui apparaissent en caractères gras : l'intonation est primordiale en espagnol ! Et n'hésitez pas à demander qu'on vous répète les sons que vous avez du mal à prononcer.

Les voyelles espagnoles se prononcent toujours de la même façon et ne sont jamais muettes (par exemple, **euro** se dit ***é****ouro*). L'accent aigu indique seulement que l'accent tonique porte sur cette lettre (par exemple, **menú** se dit *mén****ou***).

Certains sons espagnols n'existant pas en français, nous avons utilisé des codes pour les retranscrire :

x Prononcez un "r" français mais en rapprochant du voile du palais la partie supérieure de la langue. Son proche du "ch" allemand de "Bach". Ex : **lejos** **l*é***xoss*

th Prononcez un "s" mais en plaçant la pointe de la langue entre les dents. Son proche du "th" anglais de "thanks". Si ce son vous paraît difficile, prononcez-le "ss" (c'est ainsi que le prononcent les Latino-Américains et les Andalous). Ex : **cinco** *Th****i****nnco*

Attention, le "r" espagnol est un "r" roulé (doublement roulé quand il y en a deux !). Ex : **rápido** ***ra****pido*, **correos** *corr****é****oss*

Ne vous étonnez pas de la ponctuation des phrases espagnoles : il existe en effet un point d'interrogation et d'exclamation ouvrant et fermant.

INTRODUCTION

Cette toute nouvelle édition du guide de conversation franco-espagnol Harrap est destinée à tous ceux qui souhaitent communiquer avec les habitants lors de leur séjour à l'étranger. Clair, allant à l'essentiel, ce guide vous aidera à faire les premiers pas pour dépasser la barrière de la langue et entrer en contact avec les gens du pays.

Dans chacune des rubriques, ce guide vous propose une liste de mots utiles ainsi qu'une série de phrases et d'expressions courantes : vous entendrez ou vous lirez certaines d'entre elles, d'autres vous permettront de vous exprimer. Vous vous ferez alors comprendre sans effort grâce à une transcription phonétique très simple, spécialement adaptée à l'utilisateur français.

Avec les quelque 4000 mots du mini-dictionnaire bilingue, les plus curieux pourront compléter ou décliner ces structures élémentaires afin de nouer une conversation.

Des indications sur la culture et les pratiques locales, quelques informations utiles sont là pour vous faire gagner du temps. Réservez vos vacances aux loisirs et à la découverte ! Vous trouverez dans ce guide un lexique gastronomique qui vous aidera à découvrir la cuisine du pays et les principaux plats régionaux.

En plus, nous vous offrons un fichier MP3 à télécharger sur notre site www.harrap.com, avec la prononciation des mots et expressions indispensables pour votre voyage. Copiez-le sur votre lecteur MP3 ou sur un CD avant de partir et vous n'aurez plus à chercher vos mots !

Maintenant, à vous de jouer !

LA LANGUE ESPAGNOLE

Où parle-t-on l'espagnol ?

L'espagnol est une langue romane comme le français, l'italien ou le portugais. Il est parlé aujourd'hui par près de 400 millions de personnes, nombre qui ne cesse d'augmenter et qui pourrait bien dépasser, au cours du xxie siècle, les 500 millions.

Langue officielle de l'Espagne, de la plupart des pays d'Amérique latine et de la Guinée équatoriale, l'espagnol est aussi la deuxième langue parlée aux États-Unis par plus de 30 millions de personnes, et, d'ici peu, au Brésil. C'est par ailleurs l'une des six langues officielles de l'ONU.

Un peu d'histoire

Cette présence dans plusieurs continents, l'espagnol la doit en grande partie à son empire colonial. Tout a commencé au xve siècle. L'espagnol est alors le castillan, parlé essentiellement dans le royaume de Castille et d'Aragon. En 1492, Antonio Nebrija publie **La primera gramática de la Lengua Castellana** (***la Première Grammaire de la langue castillane***) et offre ainsi à cette langue une naissance officielle et académique. La même année, en prenant Grenade, dernier bastion musulman, les Rois Catholiques, Isabelle de Castille et Ferdinand d'Aragon, terminent la ***Reconquista***, commencée en 718. L'unité territoriale est achevée. L'unité linguistique va suivre.

La conquête de l'Ouest

1492 est aussi l'année où, selon la légende, la reine Isabelle de Castille vendit ses bijoux pour financer le projet d'un certain Christophe Colomb, persuadé de pouvoir rejoindre les Indes par l'Occident, et qui, à la place, découvrit un nouveau continent !

C'est donc grâce à Christophe Colomb que le castillan, langue d'un petit royaume européen, va traverser les mers pour devenir, quelques années plus tard, celle de la plus grande puissance mondiale : l'empire sur lequel « le soleil ne se couchait jamais ». À partir du xve le siècle on va préférer le terme **espagnol** pour désigner la langue du nouvel empire. L'espagnol atteint son apogée avec le Siècle d'Or et sera langue diplomatique jusqu'à la première moitié du xviiie siècle. Puis vient le déclin de l'empire. En 1898, subissant une terrible défaite contre les États-Unis, l'Espagne perd sa dernière possession d'outre-mer, Cuba. Elle n'est plus alors qu'une **piel de toro** – appelée ainsi en raison de sa forme qui ressemble à une peau de taureau tendue. L'Espagne se referme sur elle-même, mais ce n'est qu'une fermeture « à l'espagnolette ». Car un siècle plus tard, dans les années 1980, avec l'avènement de la démocratie dont un des principaux acteurs est le roi Juan Carlos Ier, elle connaît à nouveau un bouillonnement culturel, **la movida** (du verbe **mover** qui signifie ***bouger***). En 1986, l'Espagne entre dans l'Union européenne. En 1992, elle fête le 500e anniversaire de la découverte de l'Amérique et Séville accueille l'exposition universelle, *la Expo*. Madrid devient capitale européenne de la culture et les jeux Olympiques ont lieu à Barcelone. Le pays reprend alors sa place sur la scène internationale.

Espagnol d'Espagne et espagnol d'Amérique

N'entrons pas dans le débat « espagnol » ou « castillan » qui nous mènerait sur un terrain glissant. Une chose est sûre : le castillan est le dialecte qui, au Moyen Âge, a donné naissance à l'espagnol. Aujourd'hui, on dit « espagnol » quand on se réfère à la langue parlée en Espagne et en Amérique latine. Il s'agit en effet de la même langue, même s'il existe quelques variantes phonétiques ou lexicales entre la langue de la péninsule et celle des pays d'Amérique latine. Par exemple, un Latino-Américain dit **carro** en parlant de sa voiture, tandis qu'un Espagnol parle de son **coche**. Les Argentins n'emploient pas **tú** pour dire ***tu*** mais **vos**, formule héritée de la langue des premiers colonisateurs, et qui relève aujourd'hui, pour un Espagnol d'Espagne, de l'archaïsme. L'emploi du diminutif est très courant en Amérique latine, où l'on dit par exemple **ahorita** pour dire ***maintenant***, alors qu'en Espagne on dit **ahora**. Et jamais un Latino-Américain ne pourra **coger el autobus** (***prendre le bus***) ou toute autre chose, ce qu'on peut tout à fait faire en Espagne, car outre-atlantique le verbe **coger** a pris une signification sexuelle !

La langue espagnole

● Pays où l'espagnol est à la fois la langue officielle et la langue maternelle

États des États-Unis où l'on parle l'espagnol

Pays où l'espagnol est parlé par une minorité

Quant à l'espagnol parlé aux États-Unis par les Latinos, il reçoit l'appellation de **spanglish** : un mélange d'espagnol et d'anglais. Faire ses courses, c'est **chopear** (de ***to shop***), déjeuner, **lonchar** (de ***to lunch***), louer, **rentar** (de ***to rent***), et le fameux ***son of a bitch*** devient **saramambiche**.

L'enrichissement de l'espagnol au cours des siècles

Telle une « auberge espagnole », la langue de Cervantès s'est enrichie à travers les siècles grâce aux différents peuples qui y ont eu recours. On y trouve même quelques traces de l'époque préromaine : le **-ez** final des noms de famille comme dans Rodríguez ou Sánchez, qui signifient à l'origine « fils de Rodrigue », « fils de Sancho ». Mais aussi des mots d'origine germanique, comme **guerra** (***guerre***), et d'origine arabe, notamment ceux qui commencent par **al-** ou **a-** comme **azúcar** (***sucre***), **almacén** (***magasin***), **almohada** (***oreiller***). L'espagnol a fait, et continue de faire, des emprunts à l'anglais, comme ***whisky*** ou ***leader*** mais prononcés à l'espagnole **güisqui** et **líder**, et également au français, comme **bufé** (***repas buffet***) ou **dosier** (***dossier***). Certaines expressions font aussi référence à la France et aux Français : la **tortilla francesa** (***omelette nature***, par opposition à la **tortilla española**, ***omelette avec des pommes de terre***), **despedirse a la francesa** (***filer à l'anglaise***) ou encore **el mal francés** (***la syphilis*** !). Inversement, des mots importés d'Amérique par les Espagnols sont entrés dans la langue française au XVIe siècle : **patate**, **condor**, **puma**, **chocolat**, **tomate**, **cacao**, **canoë**... Plus récemment, d'autres mots espagnols ont fait leur apparition dans la langue française : ***un aficionado, une bronca, la ola***...

Les variantes de l'espagnol en Espagne

L'espagnol parlé en Espagne connaît de nombreuses variantes régionales. En effet, sur le plan phonétique, le **d** final de **Madrid**, par exemple, va se prononcer **d** pour un Valencien et un Catalan, se transformer en **z** pour un Madrilène ou un Castillan, qui dira **Madriz**, mais va disparaître dans la bouche d'un Andalou, qui dira **Madrí**.

La prononciation

Le Français qui se rend en Espagne rencontrera immanquablement sur son chemin quelques embûches linguistiques : un accent tonique difficile à placer correctement, deux verbes être (**ser** et **estar**), deux verbes avoir (**haber** et **tener**), à ne pas mélanger.

La langue espagnole possède trois sons qui n'existent pas en français : le **z**, c'est-à-dire **la zeta**, le fameux *r*, simple ou double, et l'imprononçable **jota**. Certains ont fini par renoncer à les articuler correctement ! C'est un exercice qui tourne facilement au ridicule, à la confusion, voire à la torture articulatoire, lorsqu'on ne sait pas comment il faut placer sa langue pour faire sortir le bon son. Mais en réalité, il suffit d'avoir le bon truc...

Pour **la zeta**, qui semble proche du « *th* » de l'anglais, il faut bien tirer la langue. Orthographié **z** devant un **-a**, un **-u** ou un **-o** comme dans **zapato** (*chaussure*), **zapatero** (*cordonnier*), **zumo** (*jus*), et **c** devant un **-i** ou un **-e** comme **aceituna** (*olive*), **cigarrillo** (*cigarette*), **ciudad** (*ville*), c'est sans doute un des sons les plus simples et les plus amusants à faire pour un Français.

Pour le **r** espagnol, ça se corse ! Afin de produire le son correct en espagnol, il faut faire vibrer la langue sur l'alvéole du palais, la petite bosse qui se trouve juste avant les dents. Placez-y votre langue et faites passer de l'air.

Et là, selon l'intensité du **r** que l'on veut obtenir, simple, comme dans **pero** (*mais*), ou double, comme dans **perro** (*chien*), faites plus ou moins vibrer votre langue. Si vous ne la faites pas vibrer avec la bonne intensité, vous n'obtiendrez pas le bon son, et donc pas le bon mot. Quant à **la jota** de **jardín** (*jardin*), **jabón** (*savon*), **jamón** (*jambon*), elle provient de la gorge. Son point d'articulation est un peu plus bas que pour le « *r* » français. C'est un peu comme si vous vouliez vous débarrasser du chat que vous avez dans la gorge.

GRAMMAIRE

La plupart des mots espagnols sont **accentués** à l'oral sur l'avant-dernière syllabe. C'est le cas de tous les mots se terminant par une voyelle, un **-n** ou un **-s** : **bicicleta**, **trabajo**, **vienen**, **cereales**.
Lorsqu'un mot se termine par une autre consonne que **-n** ou **-s**, l'accent tonique porte sur la dernière syllabe (c'est le cas notamment de tous les infinitifs) : **calor**, **personal**, **venir**.
Lorsque l'une de ces deux règles ne s'applique pas, un accent écrit indique où tombe l'accent tonique : **día**, **película**, **café**, **fácil**.

Attention, le **vous de politesse** espagnol est en fait une forme de troisième personne : **usted** au singulier et **ustedes** au pluriel. Veillez donc bien à l'accord avec verbe, pronom ou adjectif possessif : il faudra employer la forme appropriée de la troisième personne.

Pour faire une **phrase interrogative**, il suffit de mettre la bonne intonation :

¿vienes?	est-ce que tu viens ?
¿quién quiere venir?	qui veut venir ?

Pour faire une **phrase négative**, il suffit d'ajouter **no** devant le verbe :

no funciona bien	ça ne marche pas bien

Comme en français, **l'article** varie en genre et en nombre.

L'article **indéfini** "un" se traduit par **un**, et "une" par **una** :

un bar	**un bar**
une bière	**una cerveza**

Le pluriel "des" se traduit par **unos** au masculin et **unas** au féminin :

des restaurants	**unos restaurantes**
des boissons	**unas bebidas**

L'article **défini** "le" se traduit par **el**, et "la" par **la** :

la plage	**la playa**
le train	**el tren**
l'heure	**la hora**

Le pluriel "les" se traduit par **los** au masculin et **las** au féminin :

les musées	**los museos**
les maisons	**las casas**

Notez que l'article défini ne s'utilise pas (**Ø**) devant la plupart des noms de pays :

la France	**Ø Francia**
l'Espagne	**Ø España**

Comme en français, la terminaison d'un nom indique s'il s'agit d'un nom masculin ou féminin.

La plupart des **noms masculins** ont une terminaison en **-o** :

el vaso	le verre
el banco	la banque

Les noms en **-or** sont également masculins :

el congelador	le congélateur
el calor	la chaleur

La plupart des **noms féminins** ont une terminaison en **-a** :

la carretera	la route
la farmacia	la pharmacie

Les noms en **-ción**, **-sión**, **-tad**, **-dad**, **-ez** sont également féminins :

la estación	la station
la ciudad	la ville

Pour former le **pluriel** de la plupart des noms et des adjectifs, il suffit d'ajouter un **-s** final comme en français :

monumento → **monumentos** (monuments)
antiguo → **antiguos** (anciens)

Ceux qui se terminent par une consonne ont un pluriel en **-es** :

tren → **trenes** (trains)
comercial → **comerciales** (commerciaux)

Pour ceux qui se terminent par un **-z**, le **-z** devient **-ces** au pluriel :

una vez (une fois) → **dos veces** (deux fois)
eficaz → **eficaces** (efficaces)

Comme en français, l'**adjectif qualificatif** s'accorde en genre et en nombre avec le nom.

Dans notre dictionnaire, nous avons donné la forme au masculin. Le féminin des adjectifs en **-o** est en **-a** (**bonito, bonita**), celui des adjectifs en **-or** est en **-ora** (**encantador, encantadora**) et celui des adjectifs en **-és** en **-esa** (**inglés, inglesa**). Les autres adjectifs ont la même forme au masculin et au féminin (**grande, fuerte**).

L'adjectif se place normalement après le nom :

un grand théâtre	**un teatro grande**
de beaux paysages	**unos paisajes preciosos**

Comme en français, l'**adjectif possessif** s'accorde avec le nom qui suit : notre voiture **nuestro coche**, vos lunettes **sus gafas**

mon, ma	**mi**	mes	**mis**
ton, ta	**tu**	tes	**tus**
son, sa	**su**	ses	**sus**
notre	**nuestro** (+ nom masc.)	nos	**nuestros** (+ nom masc.)
	nuestra (+ nom fém.)		**nuestras** (+ nom fém.)
votre	**vuestro** (+ nom masc.)	vos	**vuestros** (+ nom masc.)
	vuestra (+ nom fém.)		**vuestras** (+ nom fém.)
	su (vouvoiement sing.)		**sus** (vouvoiement plur.)
leur	**su**	leurs	**sus**

Les **adverbes** se forment comme en français : adjectif féminin + **-mente**.

perfecto → **perfectamente** (parfaitement)

Notez que les **pronoms personnels sujets** ne sont pas systématiquement employés comme en français car en espagnol, la terminaison du verbe suffit à indiquer quel est le sujet. Ainsi, pour dire "j'ai compris", on dira **he entendido**, et non **yo he entendido**.

Ils sont surtout utilisés pour insister (moi, j'ai compris **yo he entendido**) ou pour éviter une confusion possible (**¿le gusta?** peut vouloir dire "ça lui plaît ?" ou "ça vous plaît ?").

je	**yo**
tu	**tú**
il	**él**
elle	**ella**
nous	**nosotros** (hommes), **nosotras** (femmes)
vous	**vosotros** (hommes), **vosotras** (femmes), **usted** (vouvoiement sing.), **ustedes** (vouvoiement plur.)
ils	**ellos**
elles	**ellas**

Pronoms personnels objets :

Pronoms COD

me	**me**
te	**te**
le, la	**lo** (masc.), **la** (fém.)
nous	**nos**
vous	**os** (tutoiement pluriel) **le** (masc., vouvoiement sing.), **la** (fém., vouvoiement sing.) **les** (masc., vouvoiement plur.), **las** (fém. vouvoiement plur.)
les	**los** (masc.), **las** (fém.)

je l'ai vue hier au bar	**la vi ayer en el bar**
ils nous ont invités	**nos invitaron**
je ne vous ai pas reconnue	**no la he reconocido**

Attention : en espagnol, il faut ajouter la préposition **a** devant tous les compléments d'objet qui désignent une personne. Par exemple :

ils connaissent Pedro	**conocen a Pedro**

Pronoms COI

Notez que ce sont les mêmes formes que celles des pronoms COD, sauf à la 3e personne (**le**) et à la forme de vouvoiement singulier (**le**) et pluriel (**les**).

me	**me**
te	**te**
lui	**le**
nous	**nos**
vous	**os** (tutoiement pluriel) **le** (vouvoiement sing.), **les** (vouvoiement plur.)
leur	**les**

je lui ai acheté un pull	**le compré un suéter**
je vous ai réservé une chambre double	**les he reservado una habitación doble**

Pronoms réfléchis

Notez que ce sont les mêmes formes que celles des pronoms COD et COI, sauf à la 3e personne et à la forme de vouvoiement singulier et pluriel : **se**.

me	**me**
te	**te**
se	**se**
nous	**nos**
vous	**os** (tutoiement pluriel)
	se (vouvoiement sing. et plur.)
se	**se**

je ne me souviens pas	**no me acuerdo**
nous nous sommes connus ici	**nos conocimos aquí**

Pronoms possessifs :

le mien, la mienne, les miens, les miennes
(el) mío, (la) mía, (los) míos, (las) mías
le tien, la tienne, les tiens, les tiennes
(el) tuyo, (la) tuya, (los) tuyos, (las) tuyas
le sien, la sienne, les siens, les siennes
(el) suyo, (la) suya, (los) suyos, (las) suyas
le nôtre, la nôtre, les nôtres
(el) nuestro, (la) nuestra, (los) nuestros, (las) nuestras
le vôtre, la vôtre, les vôtres
2e pers. du plur.:
(el) vuestro, (la) vuestra, (los) vuestros, (las) vuestras
vouvoiement:
(el) suyo, (la) suya, (los) suyos, (las) suyas
le leur, la leur, les leurs
(el) suyo, (la) suya, (los) suyos, (las) suyas

Comme en français, il existe trois groupes de **verbes** : les verbes en **-ar**, en **-er** et en **-ir**.

Il y a **deux verbes être** en espagnol : **ser** s'emploie pour définir un état permanent ou une qualité intrinsèque et **estar** pour parler d'une situation ou d'un état qui peut changer. Par exemple :

il est espagnol	**es español**
elles sont très sympas	**son muy majas**
la banque est la-bàs	**el banco está allí**
nous sommes très contents	**estamos muy contentos**

estar au présent : **estoy, estás, está, estamos, estáis, están**

ser au présent : **soy, eres, es, somos, sois, son**

Présent des verbes réguliers :

hablar (parler)	**comer** (manger)	**vivir** (vivre)
habl-o	com-o	viv-o
habl-as	com-es	viv-es
habl-a	com-e	viv-e
habl-amos	com-emos	viv-imos
habl-áis	com-éis	viv-ís
habl-an	com-en	viv-en

habla muy bien español	il/elle parle très bien espagnol
no como carne	je ne mange pas de viande
¿dónde vives?	où vis-tu ?

Présent des verbes irréguliers courants :

haber (auxiliaire avoir)	**tener** (avoir)	**ir** (aller)
he	**tengo**	**voy**
has	**tienes**	**vas**
ha	**tiene**	**va**
hemos	**tenemos**	**vamos**
habéis	**tenéis**	**vais**
han	**tienen**	**van**
poder (pouvoir)	**querer** (vouloir)	**venir** (venir)
puedo	**quiero**	**vengo**
puedes	**quieres**	**vienes**
puede	**quiere**	**viene**
podemos	**queremos**	**venimos**

podéis	**queréis**	**venís**
pueden	**quieren**	**vienen**

Certains verbes sont seulement irréguliers à la 1ère personne du singulier :
hacer (faire) : **hago, haces, hace...**
saber (savoir) : **sé, sabes, sabe...**
conocer (connaître) : **conozco, conoces, conoce...**

Haber est l'auxiliaire avoir qui sert à former le passé composé.

Imparfait des verbes réguliers (notez que les verbes en **-er** et en **-ir** ont les mêmes terminaisons) :

hablar	**comer**	**vivir**
habl-**aba**	com-**ía**	viv-**ía**
habl-**abas**	com-**ías**	viv-**ías**
habl-**aba**	com-**ía**	viv-**ía**
habl-**ábamos**	com-**íamos**	viv-**íamos**
habl-**abais**	com-**íais**	viv-**íais**
habl-**aban**	com-**ían**	viv-**ían**

Le **passé simple** des verbes réguliers s'emploie beaucoup plus couramment en espagnol qu'en français, notamment dans beaucoup de cas où le français utilise le passé composé.
Notez que les verbes en **-er** et en **-ir** ont les mêmes terminaisons.

hablar	**comer**	**vivir**
habl-**é**	com-**í**	viv-**í**
habl-**aste**	com-**iste**	viv-**iste**
habl-**ó**	com-**ió**	viv-**ió**
habl-**amos**	com-**imos**	viv-**imos**
habl-**asteis**	com-**isteis**	viv-**isteis**
habl-**aron**	com-**ieron**	viv-**ieron**

Pour former le **futur** d'un verbe, il suffit d'ajouter à l'infinitif du verbe les terminaisons suivantes : **-é, -ás, -á, -emos, -éis, -án**.
hablar : **hablaré, hablarás, hablará, hablaremos, hablaréis, hablarán**

POUR TOUS LES JOURS

En Espagne, on se fait la bise pour dire bonjour et au revoir et on se tutoie très facilement. Ainsi, il est courant de se tutoyer avec un vendeur, un serveur ou avec quelqu'un qu'on vient de rencontrer. Ceci est également valable (dans une certaine mesure bien entendu) dans un contexte professionnel. On vouvoie cependant les personnes âgées. Attention, le "vous" de politesse espagnol est en fait une troisième personne : la forme **usted** vient de l'ancienne formule **Vuestra Merced** (c'est-à-dire "Votre Grâce") donc il faut veiller à accorder à la troisième personne (du singulier avec **usted** et du pluriel avec **ustedes**). Notez que dans les petits villages, l'usage de **usted** est plus répandu que dans les villes.

Pour se saluer, on dit **buenos días** dans la matinée jusqu'à l'heure (tardive) du déjeuner, **buenas tardes** dans l'après-midi jusqu'au coucher du soleil, et **buenas noches** à partir de la tombée de la nuit. Il n'y a donc pas de règles fixes mais on aura tendance à dire **buenas noches** à 10h du soir en été et dès 6h en hiver…

Pour commencer

à bientôt	hasta pronto *asta pronnto*
à demain	hasta mañana *asta magnana*
à plus tard	hasta luego *asta louégo*
au revoir	adiós *adioss*
bonjour *(le matin)*	buenos días *bouénoss diyass*
bonjour *(l'après-midi)*	buenas tardes *bouénass tardèss*
bonjour *(plus familièrement)*	hola *ola*
bonne nuit	buenas noches *bouénass notchèss*
bonsoir	buenas noches *bouénass notchèss*
d'accord	de acuerdo *dé acouèrdo*
excusez-moi *(pour attirer l'attention)*	por favor *por fabor*
excusez-moi *(pour s'excuser)*	perdone *perdonn*
merci	gracias *grathiass*
non	no *no*
non merci	no, gracias *no grathiass*

ok bale *balé*
oui sí *si*
pardon (Monsieur/Madame) perdón *pèrdonn*
si sí *si*
s'il te/vous plaît por favor *por fabor*

Formules de base

S'exprimer

je voudrais …
quisiera …
kissiéra …

nous voudrions …
quisiéramos …
kissiéramoss …

j'aimerais …
me gustaría …
mé goustariya …

est-ce que tu veux … ?
¿quieres …?
kiérèss …?

où est … ?
¿dónde está …?
donnd-dèsta …?

où sont …?
¿dónde están …?
donnd-dèstann …?

est-ce qu'il y a un(e) … (ici) ?
¿hay algún/alguna … (aquí)?
aï algounn/algouna … (aki)?

c'est/ça coûte combien ?
¿cuánto es?
couannto èss?

qu'est-ce que c'est ?
¿qué es?
ké èss?

comment … ?
¿cómo …?
como …?

pourquoi … ?
¿por qué …?
por ké …?

quand … ?
¿cuándo …?
couanndo …?

est-ce que vous parlez français ?
¿habla usted francés?
abla oustéd frannthèss?

comment ça se dit en espagnol ?
¿cómo se dice en español?
*c**o**mo sé d**i**thé ènn espagn**o**l?*

où sont les toilettes, s'il vous plaît ?
por favor, ¿dónde están los servicios?
*por fab**o**r, d**o**nnd-dèst**a**nn loss sèrb**i**thioss?*

comment allez-vous ?
¿qué tal está?
*ké tal èst**a**?*

très bien, merci, et vous-même ?
muy bien, gracias, ¿Y usted?
*m**ou**ï bi**è**nn, gr**a**thiass, i oust**é**d?*

salut, ça va ?
hola, ¿qué tal?
***o**la, ké tal?*

ça va, et toi ?
bien, ¿y tú?
*bi**è**nn, i t**ou**?*

je suis (vraiment) désolé
lo siento (mucho)
*lo si**è**nnto m**ou**tcho*

merci beaucoup
muchas gracias
*m**ou**tchass gr**a**thiass*

il n'y a pas de quoi
de nada
*dé n**a**da*

ah bon ?
¿ah sí?
*a s**i**?*

merde !
¡coño!
*c**o**gno!*

Comprendre

abierto ouvert
bienvenido bienvenue
caballeros (sur porte de toilettes) (pour) hommes
cerrado fermé
cuidado attention
entrada entrée
prohibido … défense de …
reservado réservé
salida sortie
señoras (sur porte de toilettes) (pour) femmes
servicios toilettes
hay … il y a …

¿le importa que ...?
ça vous dérange si ... ?

siéntese, por favor
asseyez-vous, je vous en prie

un momento, por favor
un moment, s'il vous plaît

hay que pagar
c'est payant

Problèmes de compréhension

S'exprimer

vous pouvez répéter ?
¿lo puede repetir?
lo pouédé répétir?

est-ce que vous pourriez parler plus lentement ?
¿podría hablar más despacio?
podriya ablar mass dèspathio?

je ne comprends pas
no entiendo
no ènntiènndo

je comprends un petit peu
entiendo un poquito
ènntiènndo ounn pokito

je n'ai pas compris
no he entendido
no é ènntènndido

je ne comprends rien
no entiendo nada
no ènntiènndo nada

j'arrive à comprendre l'espagnol mais je ne peux pas le parler
entiendo bastante el español, pero no sé hablarlo
ènntiènndo bastannté èl èspagnol péro no sé ablarlo

je parle à peine l'espagnol
hablo muy poco español
ablo mouï poco èspagnol

j'ai du mal à comprendre/parler
me cuesta entender/hablar
mé couèsta ènntènndèr/ablar

est-ce que vous parlez français ?
¿habla usted francés?
abla oustéd frannthèss?

pardon ?
¿perdón?
*pèrd**o**nn?*

quoi ?
¿qué?
ké?

hein ?
¿cómo?
*c**o**mo?*

comment est-ce qu'on dit … en espagnol ?
¿cómo se dice … en español?
*c**o**mo sé d**i**thé ... ènn èspagn**o**l?*

comment ça s'écrit ?
¿cómo se escribe?
*c**o**mo sé èscr**i**bé?*

comment on appelle ça ?
¿cómo se llama esto?
*c**o**mo sé ll**a**ma **é**sto?*

est-ce que vous pourriez l'écrire ?
¿podría escribírmelo?
*podr**i**ya èscrib**i**rmélo?*

qu'est-ce qui se passe ?
¿qué pasa?
*ké p**a**ssa?*

Comprendre

¿entiende el español?
est-ce que vous comprenez l'espagnol ?

se escribe …
ça s'écrit …

quiere decir …
ça veut dire …

es una especie de …
c'est une sorte de …

Parler de la langue

S'exprimer

j'ai appris quelques mots avec un bouquin
he aprendido algunas palabras con un libro
*é aprènnd**i**do alg**ou**nass pal**a**brass conn ounn l**i**bro*

POUR TOUS LES JOURS

j'en avais fait à l'école mais j'ai tout oublié
lo estudié en el colegio pero se me ha olvidado todo
*lo èstoudi**é** ènn èl col**é**xio p**é**ro sé mé a olbid**a**do t**o**do*

je me débrouille à peu près
me defiendo más o menos
*mé défi**è**nndo mass o m**é**noss*

je ne sais presque rien
no sé casi nada
*no sé c**a**ssi n**a**da*

je trouve ça difficile
me parece difícil
*mé par**é**thé dif**i**thil*

il y a des sons difficiles à prononcer
hay sonidos difíciles de pronunciar
***a**ï son**i**doss dif**i**thilèss dé pronounnthi**a**r*

je connais les bases mais pas plus
tengo unas nociones pero nada más
*t**è**nngo **ou**nass nothi**o**nèss p**é**ro n**a**da mass*

ça ressemble pas mal au français
se parece bastante al francés
*sé par**é**thé bast**a**nnté al frannth**è**ss*

ça aide de connaître un peu d'italien
saber un poco de italiano ayuda
*sab**è**r ounn p**o**co dé itali**a**no ay**ou**da*

les gens parlent tellement vite ...
la gente habla tan deprisa ...
*la x**è**nnté **a**bla tann dépr**i**ssa ...*

POUR TOUS LES JOURS

Comprendre

usted no tiene mucho acento
vous n'avez pas beaucoup d'accent

hablas muy bien
tu parles très bien

me parece que te defiendes muy bien
je trouve que tu te débrouilles très bien

Demander son chemin

S'exprimer

excusez-moi, où est …, s'il vous plaît ?
por favor, ¿dónde está …?
*por fab**o**r, d**o**nnd-dèst**a** …?*

…, c'est par où ?
…, ¿por dónde está?
*…, por d**o**nnd-dèst**a**?*

je cherche …
estoy buscando …
*èst**oï** bousc**a**nndo ...*

est-ce que vous pouvez me dire comment aller à … ?
¿podría decirme cómo se va a …?
*podr**i**ya déth**i**rmé c**o**mo sé ba a ...?*

quelle est la route pour … ?
¿cuál es la carretera de …?
*cou**a**l èss la carrét**e**ra dé …?*

est-ce que vous pourriez me montrer sur le plan ?
¿me lo podría enseñar en el plano?
*mé lo podr**i**ya ènnségn**a**r ènn èl pl**a**no?*

est-ce qu'il y a un plan de la ville quelque part ?
¿hay un plano de la ciudad en algún sitio?
***a**ï ounn pl**a**no dé la thiouda**d** ènn alg**ou**nn s**i**tio?*

c'est loin ?
¿está lejos?
*èst**a** l**é**xoss?*

je me suis perdu
me he perdido
*mé é pèrd**i**do*

je suis complètement /un peu perdu
estoy totalmente/un poco perdido
*èst**oï** totalm**è**nnté/ounn p**o**co pèrd**i**do*

je crois que je me suis trompé
creo que me he equivocado
*cr**é**o ké mé é ékiboc**a**do*

Comprendre

bajar	descendre
continuar	continuer
dar media vuelta	faire demi-tour
derecha	droite
girar	tourner
izquierda	gauche
seguir	suivre
subir	monter
todo recto	tout droit

¿va andando o en coche?
vous êtes à pied ou en voiture ?

está a cinco minutos andando/en coche
c'est à 5 minutes à pied/en voiture

es la segunda calle a la derecha
c'est la deuxième rue à droite

coja la primera calle a la izquierda después del semáforo
prenez la première rue à gauche après le feu

coja la próxima salida
prenez la prochaine sortie

vaya/siga todo recto hasta un edificio grande, blanco
allez/continuez tout droit jusqu'à un grand bâtiment blanc

está muy cerca/bastante lejos/aquí al lado
c'est tout près/assez loin/dans le coin

está ahí mismo/después del cruce
c'est juste là/après le carrefour

ya lo verá, está señalizado
vous verrez, c'est indiqué

casi ha llegado, ¿ve el cartel verde? pues enfrente
vous y êtes presque, vous voyez le panneau vert ? c'est en face

venga conmigo, le acompaño
suivez-moi, je vais vous y conduire

Pour commencer

beau bonito *boni**t**o*
bien bien *bi**è**nn*
bon marché barato *bar**a**to*
cher caro *c**a**ro*
détester odiar *odi**a**r*
intéressant interesante *inntéréss**a**nnté*
magnifique magnífico *mag-n**i**fico*
nul malísimo *mal**i**ssimo*
ok vale *b**a**lé*
pas mal bastante bien *bast**a**nnté bi**è**nn*
super estupendo *estoup**è**nndo*
très bien muy bien *m**ou**ï bi**è**nn*
vacances vacaciones *bacathi**o**nèss*

Se présenter, parler de soi

S'exprimer

je m'appelle ..., et toi ?
me llamo ..., ¿y tú?
*mé ll**a**mo ..., i t**ou**?*

... et vous ?
¿... y usted?
*... i oust**é**d?*

comment t'appelles-tu ?
¿cómo te llamas?
*c**o**mo té ll**a**mass?*

comment vous appelez-vous ?
¿cómo se llama?
*c**o**mo sé ll**a**ma?*

tu es d'ici ?
¿eres de aquí?
***é**rèss de ak**i**?*

vous êtes d'ici ?
¿es usted de aquí?
*èss oust**è**d dé ak**i**?*

je te/vous présente ...
te/le presento a ...
*té/lé préss**è**nnto a ...*

(enchanté,) moi c'est ...
(encantado,) yo soy ...
*(ènnkannt**a**do,) yo s**o**ï ...*

je suis français(e)
soy francés/francesa
*s**o**ï frannth**è**ss/frannth**é**ssa*

je viens de ...
vengo de ...
*b**è**nngo dé ...*

quel âge as-tu ?
¿cuántos años tienes?
couanntoss agnoss tiénèss?

j'ai 22 ans
tengo veintidós años
tènngo béïnntidoss agnoss

qu'est-ce que vous faites dans la vie ?
¿a qué se dedica?
a ké sé dédica?

tu es étudiant ?
¿eres estudiante?
érèss èstoudiannté?

je travaille
estoy trabajando
èstoï trabaxanndo

je fais des études d'économie
estudio Economía
èstoudio économiya

tu travailles dans quoi ?
¿en qué trabajas?
ènn ké trabaxass?

vous travaillez dans quoi ?
¿en qué trabaja?
ènn ké trabaxa?

je suis prof
soy profesor/profesora
soï proféssor/proféssora

je suis à la retraite
estoy jubilado/jubilada
èstoï xoubilado/xoubilada

je travaille dans le marketing
trabajo en marketing
trabaxo ènn markéting

moi aussi
yo también
yo tammbiènn

j'ai deux enfants, un de 3 ans et l'autre de 9 ans
tengo dos hijos, uno de tres años y otro de nueve
tènngo doss ixoss, ouno dé trèss agnoss i otro dé nouébé

ils ont quel âge ?
¿cuántos años tienen?
couanntoss agnoss tiénènn?

est-ce que vous êtes déjà allé en France ?
¿ha estado en Francia alguna vez?
a èstado ènn frannthia algouna bèth?

Comprendre

¿es usted francés?
vous êtes français ?

tenemos una casa aquí para el verano
nous avons une maison ici pour l'été

conozco bien Francia
je connais bien la France

me gustaría mucho conocer París
j'aimerais beaucoup connaître Paris

tengo familia en Francia
j'ai de la famille en France

Parler de son séjour

S'exprimer

je suis/on est arrivé(s) il y a 3 jours
llegué/llegamos hace tres días
*llégu**é**/llég**a**moss **a**thé trèss d**i**yass*

c'est la première fois que je viens
es la primera vez que vengo
*èss la prim**é**ra bèth ké v**è**nngo*

je ne suis ici que pour 3 jours
he venido para tres días solamente
*é bén**i**do p**a**ra trèss d**i**yass solam**è**nnté*

je suis seulement de passage ici
estoy aquí de paso nada más
*èst**oï** ak**i** dé p**a**sso n**a**da mass*

je suis venu avec une amie
he venido con una amiga
*é bén**i**do conn **ou**na am**i**ga*

c'est notre lune de miel
estamos en luna de miel
*èst**a**moss ènn l**ou**na dé mi**é**l*

je suis venu rejoindre des amis
he venido a ver a unos amigos
*é bén**i**do a bèr a **ou**noss am**i**goss*

je suis en vacances
estoy de vacaciones
*èst**o**ï dé bacathi**o**nèss*

je visite la région
estoy visitando la zona
*èst**o**ï bissit**a**nndo la th**o**na*

je suis ici pour mon travail
estoy aquí por asuntos de trabajo
*èst**o**ï ak**i** por ass**ou**ntoss dé trab**a**xo*

on m'a conseillé d'aller à …
me han recomendado ir a …
*mé ann récomènnd**a**do ir a ...*

j'ai l'intention d'aller à …
tengo pensado ir a …
*t**è**nngo pènns**a**do ir a ...*

Comprendre

¡que te/le vaya bien!
bonne continuation !

¡hasta la próxima!
à une prochaine !

¿es la primera vez que viene?
c'est la première fois que vous venez ici ?

¿cuánto tiempo llevas aquí?
ça fait combien de temps que tu es ici ?

¿le gusta?
ça vous plaît ?

¿ha ido ya a ver …?
vous avez déjà été visiter … ?

Garder contact

S'exprimer

on reste en contact, hein ?
seguimos en contacto ¿vale?
*ségu**i**moss ènn connt**a**cto, b**a**lé?*

je peux te donner mon adresse e-mail
te puedo dar mi dirección de e-mail
*té pou**é**do dar mi dirècthi**o**nn dé im**é**ïl*

voilà mes coordonnées en France, si vous passez un jour
estas son mis señas en Francia, por si un día pasa por allí
é**stass sonn miss s**é**gnass ènn fr**a**nnthia, por si ounn d**i**ya p**a**ssa por all**i

Comprendre

venid cuando queráis
vous êtes toujours les bienvenus

¿me das tu dirección?
tu me donnes ton adresse ?

¿tiene e-mail?
est-ce que vous avez une adresse e-mail ?

Échanger ses impressions

S'exprimer

c'est une bonne idée, pourquoi pas ?
buena idea, ¿por qué no?
*bou**é**na id**é**a, por ké no?*

c'est génial
es genial
*èss xéni**a**l*

j'aime beaucoup …
me gusta mucho …
*mé g**ou**sta m**ou**tcho*

je n'aime pas beaucoup …
no me gusta mucho ...
*no mé g**ou**sta m**ou**tcho ...*

j'aimerais bien …
me gustaría …
*mé goustar**i**ya ...*

je trouve ça …
me parece …
*mé par**é**thé …*

je suis d'accord
estoy de acuerdo
*èst**o**ï dé acou**è**rdo*

ça me plaît
me gusta
*mé g**ou**sta*

j'ai beaucoup aimé …
me ha gustado mucho …
*mé a goust**a**do m**ou**tcho ...*

j'adore …
me encanta …
*mé ènnc**a**nnta ...*

j'aurais bien aimé …
me habría gustado …
*mé habr**i**ya goust**a**do ...*

j'ai trouvé ça …
me ha parecido …
*mé a paréth**i**do …*

je ne suis pas d'accord
no estoy de acuerdo
*no èst**o**ï dé acou**è**rdo*

FAIRE CONNAISSANCE

je ne sais pas
no lo sé
no lo sé

ça m'est égal
me da igual
*mé da igw**a**l*

ça ne me dit pas trop
no me hace mucha gracia
*no mé **a**thé m**ou**tcha gr**a**thia*

ça m'énerve
me pone nervioso/nerviosa
*mé p**o**né nèrbi**o**sso/nèrbi**o**ssa*

ça a un drôle de goût
sabe un poco raro
*s**a**bé ounn p**o**co r**a**ro*

c'est de l'arnaque
es un timo
*èss ounn t**i**mo*

c'est un attrape-touristes
es demasiado turístico
*èss démassi**a**do tour**i**stico*

c'est très animé le soir
hay mucha marcha por la noche
***a**ï m**ou**tcha m**a**rtcha por la n**o**tché*

il y a trop de monde
hay demasiada gente
***a**ï démass**ia**da x**è**nnté*

il y avait beaucoup de monde
había mucha gente
*ab**i**ya m**ou**tcha x**è**nnté*

je me suis ennuyé à mourir
me he muerto de aburrimiento
*mé é mou**è**rto dé abourrimi**è**nnto*

on s'est bien amusés
nos hemos divertido mucho
*noss **é**moss dibèrt**i**do m**ou**tcho*

je n'ai pas compris grand-chose
no he entendido mucho
*no é ènntènnd**i**do m**ou**tcho*

il y avait une super bonne ambiance
había un ambiente buenísimo
*ab**i**ya ounn ambi**è**nnté bouén**i**ssimo*

j'ai rencontré des gens très sympas
he conocido a gente muy maja
*é conoth**i**do a x**è**nnté m**ou**ï m**a**xa*

on a trouvé un petit hôtel très sympa
hemos encontrado un hotelito muy agradable
***é**moss ènnconntr**a**do ounn otél**i**to m**ou**ï agrad**a**blé*

Comprendre

¿te gusta …?
est-ce que tu aimes … ?

podríamos …
on pourrait …

¿qué tal si …?
et si on … ?

es una zona preciosa
c'est une très belle région

debería ir
vous devriez y aller

¿te ha gustado?
ça t'a plu ?

¿te apetece …?
ça te dit de …?

no es nada del otro mundo
ça n'a rien d'exceptionnel

no deje de probar …
il faut absolument que vous goûtiez …

merece la pena
ça vaut le détour

es mejor ir entre semana, hay menos gente
il vaut mieux y aller en semaine, il y a moins de monde

Quelques expressions familières

es un rollo c'est chiant
nos lo hemos pasado bomba on s'est bien éclatés

Parler du temps qu'il fait

S'exprimer

quelles sont les prévisions météo pour demain ?
¿qué tiempo han previsto para mañana?
ké tièmmpo ann prébisto para magnana?

il va faire mauvais
va a hacer mal tiempo
ba a athèr mal tièmpo

quel sale temps !
¡qué asco de tiempo!
ké asco dé tièmmpo!

il va faire beau
va a hacer bueno
ba a athèr bouéno

quelle belle journée, hein ?
qué día tan bonito, ¿eh?
ké diya tann bonito, é?

on a de la chance avec le temps
tenemos suerte con el tiempo
ténémoss souèrté conn èl tièmmpo

il fait un temps magnifique
hace un tiempo magnífico
athé ounn tièmmpo mag-nifico

il fait vraiment chaud
¡hace un calor …!
athé ounn calor ...!

il a fait plus de 35 (degrés)
ha habido más de 35 grados
a abido mass dé tréïnnta-i-thinnco gradoss

il fait froid le soir
por la noche hace frío
por la notché athé friyo

il fait humide
hay mucha humedad
aï moutcha oumédad

Comprendre

es posible que llueva
il risque de pleuvoir

han previsto buen tiempo toda la semana
ils ont prévu du beau temps pour toute la semaine

Quelques expressions familières

hace un frío que pela il fait un froid de canard
hace un calor que te achicharras il fait une chaleur à crever
un tiempo asqueroso un temps pourri

VOYAGER, SE DÉPLACER

Pour commencer

aéroport	aeropuerto *aéropouèrto*
aller-retour	ida y vuelta *ida i bouèlta*
aller simple	solo ida *solo ida*
arrêt de bus	parada de autobús *parada dé aoutobouss*
autoroute	autopista *aoutopista*, autovía *aoutobiya*
avion	avión *abionn*
bagages	equipaje *ékipaxé*
bateau	barco *barco*
billet	billete *billété*
bus	autobús *aoutobouss*
car	autocar *aoutocar*
carte	mapa *mapa*
centre-ville	centro ciudad *thènntro thioudad*
consigne	consigna *connsig-na*
embarquement	embarque *èmmbarké*
enregistrement	facturación *factourathionn*
ferry	ferry *férri*
gare	estación *èstathionn*
gare routière	estación de autobuses *estathionn dé aoutoboussèss*
horaires	horarios *orarioss*
louer	alquilar *alkilar*
métro	metro *métro*
navette	minibús *minibouss*
passeport	pasaporte *passaporté*
plan	plano *plano*
porte	puerta *pouèrta*
quai *(de gare)*	andén *anndènn*
quai *(de port)*	muelle *mouéllé*
réserver	reservar *réssèrbar*
route	carretera *carrétéra*
rue	calle *callé*
station de métro	estación de metro *estathionn dé métro*
taxi	taxi *tacsi*

terminal	terminal *tèrminal*
ticket	billete *billété*
train	tren *trènn*
tramway	tranvía *trammbiya*
voiture	coche *cotché*
vol	vuelo *bouélo*

S'exprimer

où est-ce que je peux acheter des billets ?
¿dónde puedo comprar billetes?
donndé pouédo commprar billétèss?

un billet pour …
un billete para …
ounn billété para …

je voudrais réserver un billet
quisiera reservar un billete
kissiéra réssèrbar ounn billété

combien coûte un billet pour … ?
¿cuánto cuesta un billete para …?
couannto couèsta ounn billété para ...?

est-ce qu'il y a des réductions pour les étudiants ?
¿hay descuentos para estudiantes?
aï dèscouènntoss para èstoudianntèss?

est-ce que vous auriez un dépliant avec les horaires ?
¿podría darme un folleto con los horarios?
podriya darmé ounn foïlléto conn loss orarioss?

est-ce qu'il vous reste des places pour … ?
¿le quedan plazas para …?
lé kédann plathass para ...?

il n'y en a pas plus tôt/tard ?
¿no hay más pronto/tarde?
no aï mass pronnto/tardé?

combien de temps dure le voyage ?
¿cuánto dura el viaje?
couannto doura èl biaxé?

est-ce que cette place est libre ?
¿está libre este asiento?
esta libré esté assiènnto?

désolé, il y a déjà quelqu'un
lo siento, está ocupado
lo siènnto, esta ocoupado

Comprendre

conexiones	correspondances *(dans un aéroport)*
correspondencias	correspondances *(de métro)*
entrada	entrée
información	renseignements
llegadas	arrivées
retraso	retardé
salida	sortie
salidas	départs
servicios	toilettes

En avion

S'exprimer

où est l'enregistrement des bagages pour Iberia ?
¿dónde se factura el equipaje para Iberia?
*d**o**nndé sé fact**ou**ra èl ékip**a**xé p**a**ra ib**é**ria?*

une valise et un bagage à main
una maleta y un equipaje de mano
***ou**na mal**é**ta i ounn ékip**a**xé dé m**a**no*

à quelle heure embarque-t-on ?
¿a qué hora embarcamos?
*a ké **o**ra èmmbarc**a**moss?*

je voudrais confirmer mon vol de retour
quisiera confirmar el vuelo de vuelta
*kissi**é**ra connfirm**a**r èl bou**é**lo dé bou**è**lta*

il me manque une valise
me falta una maleta
*mé f**a**lta **ou**na mal**é**ta*

mes bagages ne sont pas arrivés
mi equipaje no ha llegado
*mi ékip**a**xé no a llég**a**do*

l'avion a eu 2 heures de retard
el avión ha llegado con dos horas de retraso
*èl abi**o**nn a llég**a**do conn doss **o**rass dé rétr**a**sso*

j'ai raté ma correspondance
he perdido la conexión
*é pèrd**i**do la coneksi**o**nn*

j'ai oublié quelque chose dans l'avion
se me ha olvidado una cosa en el avión
*sé mé a olbid**a**do **ou**na c**o**ssa ènn èl abi**o**nn*

je voudrais faire une déclaration de perte pour mes bagages
quiero hacer una reclamación de pérdida de mi equipaje
*ki**é**ro ath**è**r **ou**na réclamathi**o**nn dé p**è**rdida dé mi ékip**a**xé*

Comprendre

aduana	douane
algo que declarar	marchandises à déclarer
embarque (inmediato)	embarquement (immédiat)
facturación de equipajes	enregistrement des bagages
nada que declarar	rien à déclarer
recogida de equipajes	retrait des bagages
sala de embarque	salle d'embarquement

por favor, esperen en la sala de embarque
veuillez patienter dans la salle d'embarquement

¿una plaza de ventanilla o de pasillo?
une place côté hublot ou côté couloir ?

tiene una conexión a ...
vous avez une correspondance à ...

¿cuántas maletas tiene?
combien de bagages avez-vous ?

tiene un exceso de quince kilos
vous avez un excédent de 15 kilos

esta es su tarjeta de embarque
voilà votre carte d'embarquement

por favor, diríjanse a la puerta ...
veuillez vous rendre à la porte ...

llame a este número para saber si su equipaje ha llegado
appelez ce numéro pour savoir si vos bagages sont arrivés

En train, car, bus, métro, tramway

S'exprimer

est-ce que je peux avoir un plan du métro ?
¿me puede dar un plano del metro?
*mé pou***é***dé dar ounn pl***a***no dèl m***é***tro?*

à quelle heure est le prochain train pour … ?
¿a qué hora es el próximo tren para …?
a ké **o***ra èss èl pr***o***csimo trènn p***a***ra ...?*

à quelle heure part le dernier train ?
¿a qué hora sale el último tren?
a ké **o***ra s***a***lé èl* **ou***ltimo trènn?*

de quel quai part le train pour … ?
¿de qué andén sale el tren para …?
*dé ké annd***è***nn s***a***lé èl trènn p***a***ra …?*

quelle ligne dois-je prendre pour … ?
¿qué línea tengo que coger para ir a …?
*ké l***i***néa t***è***nngo ké cox***è***r p***a***ra ir a ...?*

c'est bien l'arrêt pour … ?
¿esta es la parada para …?
e*sta èss la par***a***da p***a***ra ...?*

c'est bien d'ici que part le car pour … ?
¿sale de aquí el autobús para …?
*s***a***lé dé ak***i** *èl aoutob***ou***ss para ...?*

pourriez-vous me dire quand il faut descendre ?
¿podría decirme cuándo hay que bajar?
*podr***i***ya déth***i***rmé cou***a***nndo* **a***ï ké bax***a***r?*

Comprendre

mensual	mensuel
paso a los andenes	accès aux quais
reservas	réservations
salidas diurnas	départs dans la journée
semanal	hebdomadaire
taquilla	guichet

hay una parada un poco más adelante a la derecha
il y a un arrêt juste un peu plus loin à droite

tiene un transbordo *(train)*/**una correspondencia** *(métro)* **en …**
vous avez un changement à …

tiene que coger el autobús número …
vous devez prendre le bus n°…

este tren para en las estaciones de …
ce train dessert les gares de …

en la segunda parada
dans 2 arrêts

En voiture

ⓘ L'Espagne bénéficie d'un très bon réseau routier. Les autoroutes (**autopistas**, indiquées en bleu) sont payantes tandis que les routes à quatre voies (**autovías**, indiquées en rouge) sont gratuites. La limitation de vitesse est de 120km/h dans les deux cas et le port de la ceinture obligatoire (les contrôles sont fréquents). Vous trouverez dans les stations-service de l'essence **súper**, **sin plomo** (sans plomb) et **diésel**. Un taxi est libre lorsqu'il affiche un signal lumineux vert. En sus du montant de la course, un supplément est à payer pour chaque bagage.

S'exprimer

où est-ce que je peux trouver une station-service ?
¿dónde hay una gasolinera?
*d**o**nndé **a**ï **ou**na gassolin**é**ra?*

le plein de sans-plomb, s'il vous plaît
lleno sin plomo, por favor
*ll**é**no sinn pl**o**mo, por fab**o**r*

on a été bloqués dans un embouteillage
nos hemos quedado parados en un atasco
*noss **é**moss kéd**a**do par**a**doss ènn ounn at**a**sco*

est-ce qu'il y a un garage par ici ?
¿hay algún garaje por aquí ?
aï algounn garaxé por aki?

pourriez-vous m'emmener à la pompe à essence la plus proche ?
¿podría llevarme a la gasolinera más cercana?
podriya llébarmé a la gassolinéra mass thércana?

je suis tombé en panne
tengo una avería
tènngo ouna abériya

nous sommes en panne d'essence
nos hemos quedado sin gasolina
noss émoss kédado sinn gassolina

j'ai crevé
he pinchado
é pinntchado

nous avons eu un accident
hemos tenido un accidente
émoss ténido ounn acthidènnté

la batterie est à plat
la batería está descargada
la batériya esta dèscargada

ça va prendre combien de temps à réparer ?
¿cuánto tiempo tardarán en repararlo?
couannto tièmmpo tardarann ènn répararlo?

Location de voitures

je voudrais louer une voiture pour une semaine
quisiera alquilar un coche para una semana
kissiéra alkilar ounn cotché para ouna sémana

une voiture à boîte de vitesses automatique
un coche con cambio automático
ounn cotché conn cammbio aoutomatico

je voudrais prendre une assurance tous risques
quisiera tomar un seguro a todo riesgo
kissiéra tomar ounn ségouro a todo rièsgo

En taxi

je voudrais aller à …
voy a …
boï a ...

je voudrais un taxi pour 8 heures
necesito un taxi a las ocho
néthéssito ounn tacsi a lass otcho

vous pouvez m'arrêter ici, merci
puede parar aquí, gracias
pouédé parar aki, grathiass

combien ça va me coûter pour aller à l'aéroport ?
¿cuánto cuesta ir al aeropuerto?
couannto couèsta ir al aéropouèrto?

En auto-stop

je vais à ...
voy a ...
boï a ...

est-ce que vous pourriez me déposer ici ?
¿podría dejarme aquí?
podriya déxarmé aki?

merci de m'avoir emmené
gracias por traerme
grathiass por traèrmé

on est venus en stop
hemos venido en autoestop
émoss bénido ènn aoutoèstop

Comprendre

alquiler de coches	location de voitures
aparcamiento	parking
completo	complet
conserve su ticket	conservez votre ticket
otras direcciones	autres directions
prohibido aparcar	stationnement interdit
reduzca la velocidad	ralentissez
todas las direcciones	toutes directions

necesito su permiso de conducir, documento de identidad, y su tarjeta de crédito
il me faut votre permis de conduire, une pièce d'identité et votre carte de crédit

la fianza es de 300 euros
la caution est de 300 euros

bueno, subid, os voy a acercar hasta ...
c'est bon, montez, je vais vous avancer jusqu'à ...

En bateau

Plusieurs compagnies maritimes assurent la liaison entre les principaux ports espagnols. La **Trasmediterránea** assure une liaison quotidienne avec les îles Baléares depuis Barcelone et Valence, et une liaison hebdomadaire avec les îles Canaries depuis Cadix.

S'exprimer

combien de temps dure la traversée ?
¿cuánto dura la travesía?
*cou**a**nnto d**ou**ra la trabéss**i**ya?*

j'ai le mal de mer
me mareo en barco
*mé mar**é**o ènn b**a**rco*

Comprendre

pasajeros sin vehículo passagers sans véhicule
próxima salida a ... prochain départ à ...

LES ANIMAUX

la mariquita
la mosca
mosquito
las mariposas
el loro
la araña
los periquitos
la abeja
el pez de colores
la oca
los ratones
el cerdo
la rana
los perros
el pato
el cordero
el gato
el gallo
el pollito
la gallina
el hámster
el conejo

el caballo

el toro

la vaca y el ternero

la oveja

el delfín

el tiburón

la jirafa

el zorro

el oso

el león

la cebra

la serpiente

el elefante

el chimpacé

el tigre

HÉBERGEMENT

Pour commencer

appartement	piso *p**i**sso*, apartamento *apartam**è**nnto*
auberge de jeunesse	albergue juvenil *alb**è**rgué xoubén**i**l*
avec cuisine	con cocina *conn coth**i**na*
avec douche	con ducha *conn d**ou**tcha*
camping	camping *c**a**mmping*
caravane	caravana *carab**a**na*
chambre pour 2 personnes	habitación doble *abitathi**o**nn d**o**blé*
chambre pour une personne	habitación individual *abitathi**o**nn inndibidou**a**l*
clé	llave *ll**a**bé*
demi-pension	media pensión *m**é**dia pènnsi**o**nn*
hôtel	hotel *ot**è**l*
lit pour 2 personnes	cama de matrimonio *c**a**ma dé matrim**o**nio*
lit pour une personne	cama individual *c**a**ma inndibidou**a**l*
locataire	inquilino *innkil**i**no*
louer	alquilar *alkil**a**r*
maison	casa *c**a**ssa*
pension complète	pensión completa *pènnsi**o**nn commpl**é**ta*
petit déjeuner compris	desayuno incluido *déssay**ou**no innclou**ï**do*
prix par personne	precio por persona *pr**é**thio por pèrs**o**na*
propriétaire	propietario *propiét**a**rio*
réserver	reservar *réssèrb**a**r*
télévision avec satellite/cable	televisión por satélite/cable *télébissi**o**nn por sat**é**lité/c**a**blé*
tente	tienda *ti**è**nnda*
toilettes	servicios *serb**i**thioss*
tout compris	todo incluido *t**o**do innclou**ï**do*

S'exprimer

est-ce que vous pouvez m'écrire l'adresse ?
¿me puede escribir la dirección?
*mé pou**é**dé escrib**i**r la dirèkthi**o**nn?*

où peut-on faire les courses dans le coin ?
¿dónde se puede hacer la compra por aquí?
*d**o**nndé sé pou**é**dé ath**è**r la c**o**mmpra por ak**i**?*

comment marche la douche ?
¿cómo funciona la ducha?
*c**o**mo founnthi**o**na la d**ou**tcha?*

est-ce qu'il serait possible de rester une autre nuit ?
¿podría quedarme/podríamos quedarnos una noche más?
*podr**i**ya kéd**a**rmé/podr**i**yamoss kéd**a**rnoss **ou**na n**o**tché mass?*

vous acceptez les cartes de crédit ?
¿admiten tarjetas de crédito?
*adm**i**tènn tarx**é**tass dé cr**é**dito?*

y a-t-il une banque par ici ?
¿hay algún banco por aquí?
***a**ï alg**ou**nn b**a**nnco por ak**i**?*

j'ai réservé (par téléphone) au nom de ...
he reservado (por teléfono) a nombre de ...
*é réssèrb**a**do (por tél**é**fono) a n**o**mmbré dé ...*

Comprendre

baño	salle de bains
completo	complet
cuarto de baño	salle de bains
habitación con baño	chambre avec salle de bains
habitación doble	chambre double
habitación individual	chambre pour une personne
privado	privé
recepción	réception

¿me permite su pasaporte?
est-ce que je peux voir votre passeport ?

¿puede rellenar este impreso?
est-ce que vous pouvez remplir cette fiche ?

Hôtel et chambre d'hôtes

Les possibilités d'hébergement en Espagne sont multiples mais il est conseillé de réserver à l'avance, surtout en période de vacances ou de fêtes. Les tarifs sont bon marché dans les **pensiones**, **casas de huéspedes**, **hostales** ou **residencias** (toutes ces dénominations désignent globalement la même chose, c'est-à-dire des petites pensions de famille), quoiqu'ils varient considérablement selon la saison (les prix peuvent doubler, voire tripler en haute saison). Le standing est très variable donc demandez à voir la chambre avant de vous engager. À la réception, on vous demandera de présenter une pièce d'identité et parfois de remplir un formulaire. À la campagne, vous préférerez peut-être le charme des **casas rurales**, de plus en plus nombreuses, qui sont aussi bon marché que les **hostales**. Les hôtels (**hoteles**) sont plus chers et une réservation s'impose en saison touristique. Les **paradores** sont des hôtels de luxe gérés par l'État, pour la plupart installés sur des sites historiques superbement réaménagés (anciens monastères, châteaux, etc.). Attention, dans les hôtels comme dans les restaurants, l'**IVA** (équivalent de la TVA en France) n'est pas toujours inclus dans le prix affiché.

S'exprimer

je voudrais réserver une chambre pour 2 personnes pour demain soir
quisiera reservar una habitación doble para mañana
*kissi**é**ra réssèrb**a**r **ou**na abitathi**o**nn d**o**blé p**a**ra magn**a**na*

je voudrais réserver 2 chambres individuelles pour 3 nuits
quisiera reservar dos habitaciones individuales para tres noches
*kissi**é**ra réssèrb**a**r doss abitathi**o**nèss inndibidou**a**lèss p**a**ra trèss n**o**tchèss*

est-ce qu'il vous reste des chambres de libres ?
¿le quedan habitaciones libres?
lé kédann abitathionèss librèss?

une chambre pas chère pour une personne
una habitación individual que no sea cara
ouna abitathionn inndibidoual ké no séa cara

c'est pour un couple et 2 enfants
es para una pareja y dos niños
èss para ouna paréxa i doss nignoss

ça n'a pas vraiment d'importance
no importa mucho
no immporta moutcho

est-ce que je peux voir la chambre ?
¿puedo ver la habitación?
pouédo bèr la abitathionn?

c'est bien, je la prends
está bien, me la quedo
esta biène, mé la kédo

avez-vous quelque chose de plus calme ?
¿tiene algo más tranquilo?
tiéné algo mass trannkilo?

est-ce qu'il est possible d'ajouter un lit supplémentaire ?
¿se podría poner una cama supletoria?
sé podriya ponèr ouna cama souplétoria?

nous pensons rester 2 nuits
pensamos quedarnos dos noches
pènnsamoss kédarnoss doss notchèss

pourriez-vous me recommander un autre hôtel ?
¿me podría indicar otro hotel?
mé podriya inndicar otro otèl?

combien coûte une chambre avec salle de bains ?
¿cuánto cuesta una habitación con baño?
couannto couesta ouna abitathionn conn bagno?

vous n'avez rien de moins cher ?
¿no tiene nada más barato?
no tiéné nada mass barato?

est-ce que le petit déjeuner est inclus ?
¿el desayuno está incluido?
*èl déssay**ou**no est**a** inncloui**ï**do?*

est-ce que l'hôtel est près du centre ?
¿el hotel está cerca del centro?
*èl ot**è**l est**a** th**è**rca dèl th**è**nntro?*

vers 7h je pense
creo que sobre las siete
*cr**e**o ké s**o**bré lass si**é**té*

la clé de la 24, s'il vous plaît
la llave de la 24, por favor
*la ll**a**bé dé la béïnnticou**a**tro, por fab**o**r*

j'aimerais changer de chambre, la mienne est trop bruyante
me gustaría cambiar de habitación, en la mía hay demasiado ruido
*mé goustar**i**ya cammbi**a**r dé abitathi**o**nn, ènn la m**i**ya **a**ï démassi**a**do rou**ï**do*

est-ce que je peux avoir une couverture supplémentaire ?
¿me pueden dar otra manta?
*mé pou**é**dènn dar **o**tra m**a**nnta?*

y a-t-il une prise pour le rasoir ?
¿hay algún enchufe para la maquinilla eléctrica?
***a**ï alg**ou**nn ènntch**ou**fé p**a**ra la makin**i**lla él**è**ctrica?*

la climatisation ne marche pas
el aire acondicionado no funciona
*èl **a**ïré aconndithion**a**do no founnthi**o**na*

il n'y a pas de bonde pour la baignoire
no hay tapón en la bañera
*no **a**ï tap**o**nn ènn la bagn**é**ra*

je n'arrive pas à faire marcher la douche
no consigo que funcione la ducha
*no conns**i**go ké founnthi**o**né la d**ou**tcha*

pouvez-vous me montrer comment ça marche ?
¿me puede enseñar cómo funciona?
*mé pou**é**dé ènnségn**a**r c**o**mo founnthi**o**na?*

nous n'avons pas de serviettes
no tenemos toallas
no ténémoss toaïllass

il n'y a plus de papier toilette
no queda papel higiénico
no kéda papèl ixiénico

Comprendre

hay un hotel que no es muy caro muy cerquita de …
il y a un hôtel pas trop cher tout près de …

¿qué es lo que busca?
qu'est-ce que vous cherchez ?

¿con baño o sin baño?
avec ou sans salle de bains ?

no, lo siento, está completo
non, je regrette, nous sommes complets
solo me queda una habitación doble
il ne me reste qu'une chambre pour 2 personnes

¿para cuántas noches es?
c'est pour combien de nuits ?

¿su nombre, por favor?
quel est votre nom, s'il vous plaît ?

¿a qué hora piensa llegar?
à quelle heure pensez-vous arriver ?

esta es la llave de la puerta de entrada y la otra la de su habitación
celle-là est la clé de la porte d'entrée et l'autre celle de votre chambre

se ruega dejen la habitación libre antes de las doce del mediodía
les chambres doivent être libérées avant midi

el desayuno se sirve entre las 8:00 y las 12:00
le petit déjeuner est servi entre 8h et midi

Auberge de jeunesse

C'est rare que les auberges de jeunesse (**albergues juveniles**) espagnoles aient des heures de couvre-feu. Les prix ne sont pas particulièrement compétitifs si on les compare aux nombreuses offres des pensions de famille.

S'exprimer

est-ce que je peux laisser mon sac à dos à la réception ?
¿puedo dejar la mochila en recepción?
*pou**é**do déx**a**r la motch**i**la ènn réthèpthi**o**nn?*

je viendrai le récupérer vers 7h
vendré a buscarla sobre las siete
*bènndr**é** a bousc**a**rla s**o**bré lass si**é**té*

il n'y a pas d'eau chaude
no hay agua caliente
*no **a**ï **a**gwa cali**è**nnté*

l'évier est bouché
el fregadero está atascado
*èl frégad**é**ro est**a** atasc**a**do*

Comprendre

¿tienes tarjeta de socio? est-ce que tu as une carte de membre ?
se proporciona la ropa de cama les draps sont fournis

Location

S'exprimer

je cherche quelque chose qui soit près du centre
busco algo que esté cerca del centro
*b**o**usco **a**lgo ké èst**é** th**è**rca dèl th**è**nntro*

où dois-je prendre/laisser les clés ?
¿dónde hay que coger/dejar las llaves?
*d**o**nndé **a**ï ké coxè**r**/déx**a**r lass ll**a**béss?*

où est le compteur électrique ?
¿dónde está el contador de la luz?
*d**o**nnd-dèst**a** èl conntad**o**r dé la louth?*

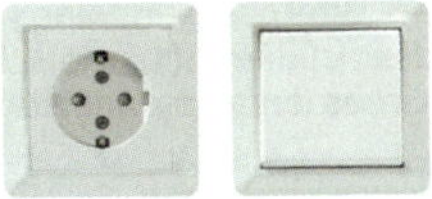

est-ce qu'il y a des … de rechange ?
¿hay … de recambio?
***a**ï … dé réc**a**mmbio?*

où dois-je sortir les poubelles ?
¿dónde hay que tirar las bolsas de la basura?
*d**o**nndé **a**ï ké tir**a**r lass b**o**lsass dé la bass**ou**ra?*

je suis désolé, j'ai cassé le/la …
lo siento, se me ha roto el/la …
*lo si**è**nnto, sé mé a r**o**to èl/la ...*

je ne trouve pas le/la …
no encuentro el/la …
*no ènncou**è**nntro èl/la ...*

j'ai fermé la porte en laissant les clés à l'intérieur
he cerrado la puerta y me he dejado las llaves dentro
*é thérr**a**do la pou**è**rta i mé é déx**a**do lass ll**a**béss d**è**nntro*

Comprendre

buenos días, ¿vienen por la casa?
bonjour, vous venez pour la maison ?

está completamente amueblado
c'est entièrement meublé

el precio incluye la calefacción, la electricidad y el gas
le prix comprend le chauffage, l'électricité et le gaz

vendrá una persona a hacer la limpieza cuando se marchen
il y a quelqu'un qui va passer pour le ménage après votre départ

Camping

Le camping sauvage est interdit, sauf dans les lieux prévus à cet effet. Les campings sont généralement immenses et forment des mini-villages, où l'on peut trouver supermarché, piscine, discothèque, bars, restaurants, etc.

S'exprimer

y a-t-il un camping près d'ici ?
¿hay algún camping cerca de aquí?
aï algounn cammping thèrca dé aki?

je voudrais un emplacement pour une tente pour 2 jours
quiero una plaza para una tienda para dos días
kiéro ouna platha para ouna tiènnda para doss diyass

c'est combien par jour ?
¿cuánto es al día?
couannto èss al diya?

où sont les poubelles ?
¿dónde están los containers de la basura?
donnd-dèstann loss conntéïnèrss dé la bassoura?

je voudrais régler – on était au numéro 62, allée B
quiero pagar – estábamos en el número sesenta y dos, calle B
kiéro pagar – estabamoss ènn èl nouméro séssènta-i-doss, callé bé

est-ce que vous pourriez nous prêter votre … ?
¿podría prestarnos su …?
podriya prèstarnoss sou ...?

Comprendre

no dude en llamarme si tiene algún problema
n'hésitez pas à m'appeler si vous avez un problème

son … al día/por persona y … por tienda
c'est … par jour/par personne et … par tente

el dormitorio

el comedor

el salón

la entrada

la cocina

el cuarto de baño

ⓘ Dans les cafés, demandez **un café solo** si vous voulez un expresso, et un **café con leche** pour un café crème. Demandez un **cortado** pour une noisette et un **descafeinado** pour un déca.

Les restaurants servent généralement les repas de midi entre 13h30 et 16h et ceux du soir entre 20h30 et 23h30. Les Espagnols ont tendance à déjeuner et dîner encore plus tard en été. L'eau et le pain ne sont généralementpas compris dans le repas. Traditionnellement, les salades sont servies sans assaisonnement et c'est à vous d'ajouter séparément huile d'olive, vinaigre, sel et poivre à votre guise. Dans certains restaurants, l'**IVA** (l'équivalent de la TVA en France) n'est pas compris et il faut donc l'ajouter à la note. Il est courant de laisser un peu de monnaie en pourboire, même si le service est compris.

Pour aller boire un verre (**ir a tomar algo**) ou aller manger des tapas (**ir de tapas**), les bars sont ouverts toute la journée et jusque tard la nuit. Les Espagnols n'ont pas l'habitude de rester assis dans un café pendant des heures et préfèrent faire la tournée des bars, en allant boire un verre dans un premier, grignoter quelque chose dans un deuxième, etc. Demandez **una caña** pour une pression, **una cerveza** pour une bière en bouteille, **una clara** pour un panaché, **un vino** pour un verre de vin.

Dans toute l'Espagne, la tradition des **tapas** est très vivace. Il s'agit d'amuse-gueule à déguster en guise d'apéritif, ou de plats froids ou chauds à consommer en petite portion si vous voulez goûter à plusieurs d'entre eux, ou en portion plus copieuse si vous comptez en faire votre repas. On déguste traditionnellement les tapas accoudé au bar. Vous pouvez les choisir sur la carte ou directement sur le présentoir du bar. N'hésitez pas à demander qu'on vous conseille, leur variété est infinie. Dans les **tabernas vascas** (bars à tapas basques), de plus en plus répandues dans toute l'Espagne, on vous donne une assiette et vous choisissez au bar les **pinchos** (tapas piquées d'un **palillo** ou cure-dents) qui vous tentent, en prenant soin de laisser tous les **palillos** dans l'assiette : c'est ce qui permet au serveur ensuite de calculer le nombre de **pinchos** consommés.

Pour commencer

addition	cuenta *cou**è**nnta*
apéritif	aperitivo *apéri**ti**bo*
bière	cerveza *thèr**bé**tha*
bouteille	botella *bot**é**ïlla*
café crème	café con leche *ca**fé** conn **lé**tché*
café noisette	(café) cortado *(ca**fé**) cort**a**do*
carafe	jarra *x**a**rra*
carte *(menu)*	carta *c**a**rta*
Coca-cola®	Coca-cola® *cocac**o**la*
commander	pedir *péd**ir***
déjeuner *(n)*	comida *com**i**da,* almuerzo *almou**è**rtho*
déjeuner *(v)*	comer *com**è**r,* almorzar *almorth**a**r*
dessert	postre *p**o**stré*
dîner *(n)*	cena *th**é**na*
dîner *(v)*	cenar *thén**a**r*
eau gazeuse/minérale	agua con gas/mineral ***a**gwa conn gass/ minér**a**l*
eau plate	agua sin gas ***a**gwa sinn gass*
entrée	primer plato *prim**è**r pl**a**to*
expresso	café solo *ca**fé** s**o**lo*
fromage	queso *k**é**sso*
jus de fruit	zumo *th**ou**mo*
manger	comer *com**è**r*
menu	menú *mén**ou***
petit déjeuner	desayuno *déssay**ou**no*
plat de résistance	segundo plato *ség**ou**nndo pl**a**to*
pression	caña *c**a**gna*
sandwich *(avec de la baguette)*	bocadillo *bocad**i**llo*
sandwich *(avec du pain de mie)*	sándwich *s**a**nngwitch*
thé	té *t**é***
verre	vaso *b**a**sso*
vin rouge/blanc/rosé	vino tinto/blanco/rosado *b**i**no t**i**nnto/ bl**a**nnco/ross**a**do*

S'exprimer

on va manger un bout ?
¿vamos a picar algo?
*b**a**moss a pic**ar** **a**lgo?*

on va boire un verre ?
¿vamos a tomar algo?
*b**a**moss a tom**ar** **a**lgo?*

on va prendre un café ?
¿vamos a tomar un café?
*b**a**moss a tom**a**r ounn caf**é**?*

est-ce que vous pouvez nous recommander un restaurant ?
¿nos podría recomendar un restaurante?
*noss podr**i**ya récommènd**a**r ounn rèstaour**a**nnté?*

je n'ai pas très faim
no tengo mucha hambre
*no t**è**nngo m**ou**tcha **a**mmbré*

j'ai super faim
me muero de hambre
*mé mou**é**ro dé **a**mmbré*

s'il vous plaît ! *(pour appeler le serveur)*
¡por favor!
*por fab**o**r!*

je voudrais un sandwich au thon, s'il vous plaît
quisiera un bocadillo de atún, por favor
*kissi**é**ra ounn bocad**i**llo dé at**ou**nn, por fab**o**r*

j'en reprendrai un autre
tomaré otro
*tomar**é** **o**tro*

bon appétit !
¡buen provecho!
*bou**è**nn prob**é**tcho!*

à la tienne/vôtre !
¡salud!
*sal**ou**d!*

tchin-tchin !
¡chinchín!
*tchinntch**i**nn!*

c'est délicieux
está delicioso
*èst**a** délithi**o**sso*

c'était délicieux
estaba delicioso
*est**a**ba délithi**o**sso*

c'est très gras
tiene mucha grasa
*ti**é**né m**ou**tcha gr**a**ssa*

ce n'est pas assez salé
le falta sal
*lé f**a**lta sal*

c'est trop épicé
es demasiado picante
èss démassiado picannté

j'ai trop bu hier
ayer bebí demasiado
ayèr bébi démassiado

est-ce que vous pourriez apporter un cendrier ?
¿podría traer un cenicero?
podriya traèr ounn thénithéro?

où sont les toilettes, s'il vous plaît ?
¿dónde están los servicios, por favor?
donnd-dèstann loss sèrbithioss, por fabor?

Comprendre

para llevar — à emporter

lo siento, cerramos a las once
désolé, nous ne servons plus après 23h

Réserver une table

S'exprimer

allô, bonjour, je voudrais réserver une table pour 2 pour demain soir
buenos días/buenas tardes, quisiera reservar una mesa para dos para mañana por la noche
bouénoss diyas/bouénass tardèss, kissiéra réssèrbar ouna méssa para doss para magnana por la notché

vers 8h
sobre las ocho
sobré lass otcho

une table pour 4, s'il vous plaît
una mesa para cuatro, por favor
ouna méssa para couatro, por fabor

j'ai réservé une table au nom de …
he reservado una mesa a nombre de …
é réssèrbado ouna méssa a nommbré dé ...

Comprendre

reservado — réservé

¿para qué hora?
pour quelle heure ?

¿fumadores o no fumadores?
fumeurs ou non-fumeurs ?

¿a qué nombre es?
c'est à quel nom ?

¿cuántos son?
vous êtes combien ?

buenos días, ¿es para comer?
bonjour, c'est pour manger ?

¿ha reservado?
est-ce que vous avez réservé ?

ahora no hay mesa, pero si esperan un cuarto de hora …
nous sommes complets, mais si vous pouvez attendre un quart d'heure …

¿a las ocho y media les parece bien?
8h30, ça vous va ?

Commander à manger

S'exprimer

qu'est-ce que vous nous recommandez ?
¿qué nos recomienda?
*ké noss récomi**è**nnda?*

oui, je crois qu'on a choisi
sí, creo que ya hemos elegido
*si, cr**é**o ké ya **é**moss éléx**i**do*

non, pas encore
no, todavía no
*no, todab**i**ya no*

je voudrais …
quiero …
*ki**é**ro …*

on va prendre 2 menus à 11 euros
tomaremos dos menús de once euros
*tomar**é**moss doss mén**ou**ss dé **o**nnthé **é**ouross*

pour moi, ça sera … et …
yo tomaré … y …
*yo tomar**é** … i ...*

… mais sans …
… pero sin …
*... p**é**ro sinn ...*

moi, je ne sais pas … c'est quoi "revuelto de setas" ?
yo no sé … ¿qué es "revuelto de setas"?
*yo no sé … ké èss rébou**è**lto dé s**é**tass?*

je vais prendre ça alors
entonces, tomaré eso
*ènnt**o**nnthèss, tomar**é** **é**sso*

quel est le plat du jour ?
¿cuál es el plato del día?
*cou**a**l èss èl pl**a**to dèl d**i**ya?*

juste de l'eau (plate), s'il vous plaît
solo agua (sin gas), por favor
*s**o**lo **a**gwa (sinn gass), por fab**o**r*

et une demi-bouteille de vin rouge
y media botella de vino tinto
*i m**é**dia bot**é**ïlla dé b**i**no t**i**nnto*

on va partager – est-ce que vous pouvez nous apporter 2 assiettes ?
vamos a compartir – ¿puede traernos dos platos?
*b**a**moss a commpart**i**r – pou**é**dé tra**è**rnoss doss pl**a**toss?*

ce n'est pas ce que j'ai commandé, j'avais demandé …
esto no lo he pedido, he pedido …
***è**sto no lo é péd**i**do, é péd**i**do ...*

est-ce qu'on peut avoir encore du pain ?
¿puede traer más pan?
*pou**é**dé tra**è**r mass pann?*

qu'est-ce que vous avez comme desserts ?
¿qué tienen de postre?
*ké ti**é**nènn dé p**o**stré?*

Comprendre

¿ha elegido ya?
vous avez choisi ?

vaya eligiendo, ahora vuelvo
je vous laisse choisir et je reviens

es una especie de guiso de …
c'est une sorte de ragoût de …

lo siento, no nos queda …
désolé, nous n'avons plus de …

¿y para beber?
et comme boisson ?

¿va a tomar postre?
désirez-vous un dessert ?

BOIRE ET MANGER

Au café

S'exprimer

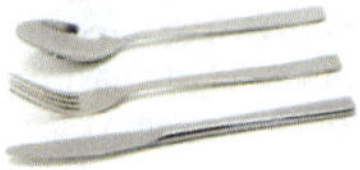

qu'est-ce que tu prends ?
¿qué vas a tomar?
*ké bass a tom**a**r?*

je t'offre un verre
te invito a tomar algo
*té immb**i**to a tom**a**r **a**lgo*

non, cette fois c'est pour moi
no, ahora pago yo
*no, a**o**ra p**a**go yo*

je vais prendre …
voy a tomar …
*b**o**ï a tom**ar** ...*

je voudrais …
quiero …
*ki**é**ro …*

un Coca-cola® sans glaçons, s'il vous plaît
una Coca-cola® sin hielo, por favor
***ou**na cocac**o**la sinn y**é**lo, por fab**o**r*

un Coca light® avec beaucoup de glaçons
una Coca-cola® light con mucho hielo
***ou**na cocac**o**la l**a**ïtt conn m**ou**tcho y**é**lo*

une pression
una caña
***ou**na c**a**gna*

un petit verre de vin blanc sec
un vino blanco seco
*ounn b**i**no bl**a**nnco s**é**co*

un thé avec une rondelle de citron
un té con una rajita de limón
*ounn té conn **ou**na rax**i**ta dé lim**o**nn*

un café allongé
un café americano
*ounn caf**é** améric**a**no*

la même chose pour moi
para mí lo mismo
*p**a**ra mi lo m**i**smo*

une autre pression, s'il vous plaît
otra caña, por favor
***o**tra c**a**gna, por fab**o**r*

BOIRE ET MANGER

Comprendre

en la barra au comptoir
sin alcohol sans alcool

¿qué toma?
qu'est-ce que vous prenez ?

aquí es una zona para no fumadores
c'est un espace non-fumeurs ici

¿quieren algo más? cerramos dentro de diez minutos
vous voulez commander autre chose ? nous fermons dans 10 minutes

Quelques expressions familières

tomar una copa boire un coup
estar pedo être bourré
tener resaca avoir la gueule de bois

L'addition

S'exprimer

l'addition, s'il vous plaît
la cuenta, por favor
*la cou**è**nnta, por fab**o**r*

je vous dois combien ?
¿cuánto le debo?
*cou**a**nnto lé d**é**bo?*

est-ce qu'on peut payer par Carte Bleue® ?
¿se puede pagar con tarjeta?
*sé pou**é**dé pag**a**r conn tarx**é**ta?*

je crois qu'il y a une erreur dans l'addition
creo que hay un error en la cuenta
*cr**é**o ké **a**ï ounn érr**o**r ènn la cou**è**nnta*

Comprendre

¿le cobro todo?
vous réglez tout ensemble ?

LA CUISINE

ⓘ Le déjeuner traditionnel espagnol se compose d'une entrée (**primer plato**), d'un plat de résistance (**segundo plato**) et d'un dessert (**postre**). Certaines entrées traditionnelles, tel que la paella, se dégustent généralement pour le déjeuner comme **plato único** (plat unique), accompagnées d'une salade ou précédées d'un bouillon ou d'un apéritif. Le dîner est traditionnellement plus léger que le déjeuner. Il est courant de dîner d'un sandwich ou de tapas. S'il s'agit d'un dîner à l'occasion d'une fête, il peut alors être très copieux et s'apparente à un déjeuner.

Comprendre

ahumado	fumé
a la parrilla	cuit au grill
a la plancha	grillé
aliñado	assaisonné
asado	rôti, grillé
asado en horno de leña	cuit au feu de bois
braseado	braisé
cocido	cuit
curado	séché
dorado	doré
empanado	pané
en lonchas	en tranches
en su punto	à point
en trozos	en morceaux
estofado	à l'étouffée
fresco	frais
frío	froid
frito	frit
fundido	fondu
hecho	bien cuit
hervido	bouilli
poco hecho	saignant
relleno	farci
salteado	sauté

desayunos y meriendas petits déjeuners et goûters

bollo	pain au lait
churro	long beignet cylindrique
magdalena	madeleine
mantequilla	beurre
mermelada	confiture
montado	petit sandwich
rosquilla	petit gâteau frit en forme d'anneau
tostada	tartine grillée

aperitivos, tapas, pinchos apéritifs, amuse-gueule

ℹ Les fameuses **tapas** désignent à la fois des amuse-gueule à déguster en apéritif et de véritables petits plats cuisinés servis dans une assiette avec une petite fourchette. Les **pinchos** sont des tapas constituées d'une tranche de pain surmontée d'une préparation, le tout tenu ensemble par un cure-dent. Si vous avez faim et souhaitez déjeuner ou dîner de tapas, vous pouvez demander une **ración**, qui correspond à une portion plus conséquente d'une tapa. Les **marisquerías** sont spécialisées dans les tapas à base de fruits de mer. La variété des tapas est infinie et chaque région a ses spécialités. On les déguste le plus souvent debout accoudé au comptoir mais vous pouvez choisir de vous asseoir à une table.

aceitunas	olives
anchoas	anchois
berberechos	coques
bonito en escabeche con pimientos	thon mariné avec des poivrons
boquerones en vinagre	anchois au vinaigre
boquerones fritos	anchois frits
calamares fritos	calamars frits
caracoles	escargots
champiñones a la plancha	champignons grillés
chopitos fritos	petits calamars frits
chorizo	chorizo *(sorte de saucisson)*
criadillas	testicules
croquetas	croquettes *(de poisson, de viande etc.)*

empanada gallega	sorte de friand au poisson, à la viande ou aux légumes
empanadillas	sorte de friands
ensaladilla rusa	macédoine de légumes à la mayonnaise
gambas a la plancha	crevettes grillées
gambas cocidas	crevettes cuites
gambas con gabardina	crevettes enroulées dans de la pâte à beignets
jamón de pata negra	jambon cru de porc ibérique nourri exclusivement aux glands de chêne vert *(jambon très réputé)*
jamón ibérico	jambon cru de porc ibérique
jamón serrano	jambon cru
lacón	épaule de porc salée
lomo embuchado	longe de porc mariné
mejillones al vapor	moules à la vapeur
mejillones en salsa	moules en sauce
mollejas	gésiers de volaille
morcilla	boudin
patatas alioli	pommes de terre sautées à l'aïoli
patatas bravas	pommes de terre sautées servies avec une sauce piquante
patatas fritas	frites, chips
pepinillos	cornichons
pimientos de Padrón	petits poivrons verts saisis dans du gros sel et de l'huile d'olive
pincho moruno	brochette de viande marinée
salchichón	saucisson
tortilla (de patatas)	omelette aux pommes de terre
tortilla paisana	omelette aux pommes de terre, aux légumes et au chorizo ou au jambon

• primeros platos entrées

acelgas	bettes
ajo blanco	potage froid à base d'amandes pilées, d'ail et d'huile d'olive
alcachofas	artichauts
alubias blancas	haricots blancs

alubias rojas	haricots rouges
berenjenas rebozadas	aubergines panées
calabacines rellenos	courgettes farcies
caldo gallego	soupe très nourissante, composée de haricots blancs, pommes de terre et petits bouts de viande de porc
cocido madrileño	précédé de la sopa de cocido, ce plato único de pois chiches au chou se déguste accompagné des diverses viandes (boudin, lard, poule, chorizo) avec lesquelles il a été préparé. Le cocido connaît de multiples variantes mais le plus connu est le cocido madrileño.
consomé	consommé
crema de calabacín	velouté aux courgettes
ensalada de lechuga, tomate y cebolla	salade composée de laitue, tomate et oignons
ensalada de pimientos rojos	salade de poivrons rouges
ensalada mixta	salade composée au thon, olives, asperges, etc.
espaguetis	spaghettis
gazpacho	gazpacho *(soupe froide composée de tomates, ail et huile d'olive)*
guisantes con jamón	petits pois au jambon
huevos fritos	œufs sur le plat
huevos rellenos	œufs durs farcis au thon et à la mayonnaise
judías	nom donné aux alubias dans certaines régions
judías verdes	haricots verts
lentejas	lentilles
macarrones	macaroni
menestra de verduras	jardinière de légumes
paella	paella *(plat de riz au safran garni de crustacés ou de poisson, ou de viande ou des deux types d'ingrédients)*
pimientos del piquillo	petits poivrons rouges farcis à la brandade de morue

revuelto de ajetes/ de setas/de gambas	œufs brouillés à l'ail tendre/ aux champignons/ aux crevettes
sopa de cocido	soupe de pâtes élaborée à partir du bouillon du cocido
sopa de pescado	soupe de poisson
tortilla de gambas/ jamón/espárragos	omelette aux crevettes/au jambon/ aux asperges
tortilla francesa	omelette nature

● pescados poissons

atún encebollado	thon cuisiné avec des oignons
bacalao al ajoarriero	ragoût de morue à l'ail
bacalao a la vizcaína	= bacalao con tomate
bacalao al pil-pil	ragoût de morue à l'huile d'olive et à l'ail
bacalao con tomate	morue accompagnée de tomates et de poivrons
bacalao rebozado	morue panée
besugo a la espalda	daurade au four
bonito con tomate	thon blanc du golfe de Gascogne à la tomate
boquerones	anchois frais
calamares a la plancha	calamars grillés
calamares en su tinta	calamars dans leur encre
cogote de merluza	cou de merlu
chipirones a la plancha	petits calamars grillés
chipirones en su tinta	petits calamars dans leur encre
gallo	limande
lenguado a la plancha	sole grillée
lubina a la sal	bar cuit au four dans une croûte de sel
lubina al horno	bar au four
merluza en salsa verde	merlu à la sauce au persil
merluza rebozada	merlu pané
sardinas	sardines
trucha con jamón	truite au jambon
ventresca de bonito	ventre de thon

aves y caza volaille et gibier

codorniz escabechada	caille marinée
codorniz estofada	caille à l'étouffée
conejo al ajillo	lapin frit à l'ail
jabalí	sanglier
pato	canard
pechuga empanada	blanc de volaille panée
perdiz escabechada	perdrix marinée
perdiz estofada	perdrix à l'étouffée
pichón	pigeonneau
pollo al ajillo	poulet frit à l'ail
pollo asado	poulet rôti
pollo en pepitoria	fricassée de poulet

carnes autres viandes

albóndigas	boulettes
carne estofada	viande à l'étouffée
cordero asado	agneau rôti
chuleta de cerdo	côte de porc
chuleta de ternera	côte de veau
chuletillas de cordero	côtelettes d'agneau
chuletillas de lechazo	côtelettes d'agneau de lait
chuletón de buey	grosse côte de bœuf
entrecot	entrecôte
filete de cerdo	filet de porc
filete de ternera	filet de veau
lechazo asado	agneau de lait rôti
lengua rebozada	langue de veau panée
rabo de buey	queue de bœuf
solomillo	filet de veau ou de porc
ternera en su jugo	veau cuit au four dans son jus

postres y dulces desserts et pâtisseries

arroz con leche	riz au lait aromatisé au citron ou à la cannelle
brazo gitano	sorte de biscuit roulé fourré à la confiture ou à la crème

buñuelos beignets
compota de manzana compote de pommes
crema catalana sorte de crème brûlée
dulce de membrillo pâte de coings
leche frita dessert à base de tranches de crème dessert épaisse, panées et frites
macedonia de frutas macédoine de fruits
mantecado glace à la vanille ; petit gâteau de Noël au saindoux
manzana asada pomme au four
melocotón en almíbar pêches au sirop (en conserve)
milhoja mille-feuille
natillas crème renversée
queso de Burgos fromage frais
queso manchego fromage au lait de brebis typique de La Mancha
tarta de almendra tarte aux amandes
tarta de Santiago tarte aux amandes décorée de la croix de Saint-Jacques
tocino de cielo flan aux jaunes d'œuf et au sirop
torrija pain perdu

Glossaire de l'alimentation

aceite huile
aceite de oliva huile d'olive
achicoria chicorée
ácido acide
agridulce aigre-doux
aguacate avocat
ajo ail
albahaca basilic
alcachofa artichaut
alcaparras câpres
alioli aïoli
almejas palourdes
almendras amandes
almíbar sirop
alubias haricots blancs
alubias negras haricots noirs
alubias rojas haricots rouges
anchoas anchois
apio céleri
arándano myrtille
arenque hareng
arenque ahumado hareng fumé
arroz riz
asado rôti
asar rôtir ; griller
atún thon
avellana noisette
azafrán safran
azúcar sucre
bacón bacon

bacalao morue
bacalao salado morue salée
barbacoa barbecue
barra baguette
batido milk-shake
bechamel sauce béchamel
berenjena aubergine
berro cresson
besugo daurade
bocadillo sandwich
boquerones anchois frais
brócoli brocoli
brotes de soja germes de soja
budín pudding
calabacín courgette
calabaza citrouille, potiron
calamar calamar
caldo bouillon
calentar faire chauffer
canela cannelle
canelones cannelloni
cangrejo crabe
carne viande
carne picada viande hachée
castaña châtaigne
cazón chien de mer *(poisson)*
cebolla oignon
cebolleta ciboulette ; petit oignon
cerdo porc
cerveza bière
chalote échalote
champiñones champignons
chicharro chinchard *(poisson)*
chocolate chocolat
chorizo chorizo
cilantro coriandre
ciruela prune
ciruela pasa, ciruela seca pruneau
clara de huevo blanc d'œuf
clavo clou de girofle
cocinar cuisiner
coco noix de coco
cochinillo cochon de lait
codorniz caille
cogollo cœur de salade
col chou
coles de Bruselas choux de Bruxelles
coliflor chou-fleur
comida nourriture ; repas ; déjeuner
comino cumin
conejo lapin
congelado congelé
congrio congre
conservante conservateur
conservar conserver
coñac cognac
copos de avena flocons d'avoine
copos de maíz tostados cornflakes
corazones de alcachofas cœurs d'artichaut
cordero agneau
cortar couper
cortar en cuadritos couper en petits cubes
cortar en lonchas finas couper en tranches fines
costilla côtelette
crema pastelera crème pâtissière
crudo cru
crujiente croustillant ; croquant
cuchara cuillère (à soupe)
cucharada cuillérée
cucharita, cucharilla cuillère à café
cuscurro croûton
dehuesado désossé
derretido fondu

desayuno petit déjeuner
desayunar prendre le petit déjeuner
diente de ajo gousse d'ail
dulce gâteau
dulce de membrillo pâte de coings
empanada, empanadillas sorte de friands
en lata en conserve
endibias endives
endulzante édulcorant
eneldo aneth
entero entier
espaguetis spaghettis
espárragos asperges
especias épices
espeso épais
espina arête
espinacas épinards
espuma mousse
fécula fécule
filete bifteck ; filet
freír frire
fresa fraise
frigorífico réfrigérateur
fruta fruit
galleta biscuit
galleta salada biscuit salé
gambas crevettes
garbanzos pois chiches
granos de pimienta poivre en grains
grasa graisse
gratinar (faire) gratiner
guarnición garniture
guindilla piment rouge
guisantes petits pois
habas fèves
harina farine
helado glace
hervir (faire) bouillir
hierbabuena menthe
hígado foie
higo figue
hinojo fenouil
hojaldre pâte feuilletée
horno four
hueso os
huevas œufs de poisson
huevo œuf
huevo duro œuf dur
ingredientes ingrédients
jabalí sanglier
jamón jambon
jamón (de) York jambon blanc
jerez xérès
lata (boîte de) conserve
laurel laurier
leche lait
leche cuajada lait caillé
lechuga laitue
lentejas lentilles
liebre lièvre
lima citron vert
limón citron
maduro mûr
mahonesa mayonnaise
maíz maïs
manteca saindoux
mantequilla beurre
manzana pomme
marisco fruits de mer
mayonesa mayonnaise
mejillones moules
melocotón pêche
melón melon
membrillo coing
menta menthe

merluza merlu, colin
miel miel
mora mûre
morcilla boudin noir
morcón charcuterie similaire au chorizo
mostaza moutarde
muslo de pollo cuisse de poulet
naranja orange
nata crème
nata montada crème fouettée
nectarina nectarine
nevera réfrigérateur
nueces noix
nuez moscada noix de muscade
orégano origan
paella paella
pan pain
pan de molde pain de mie
pan integral pain complet
panceta poitrine fumée
parrillada assortiment de viandes ou de poissons grillés
pasa raisin sec
pasta pâte
pastas pâtes ; (confiseries) petits gâteaux secs
pastel gâteau
patatas fritas frites ; chips
patatas pommes de terre
pato canard
pechuga de pollo blanc de poulet
pepinillo cornichon
pepino concombre
perdiz perdrix
perejil persil
perrito caliente hot-dog
pescado poisson
picante piquant ; épicé
pimentón piment rouge moulu
pimienta poivre
pimiento rojo poivron rouge
pimiento verde poivron vert
piña ananas
piñones pignons
plátano banane
plato assiette, plat
plato combinado plat garni
pollo poulet
postre dessert
puerros poireaux
queso fromage
rábano radis
rabo de buey queue de bœuf
rape lotte
rebozado pané
receta recette
refresco rafraîchissement
remolacha betterave
riñones rognons
romero romarin
sabor goût
sal sel
salado salé
salchicha saucisse
salmón saumon
salmonete rouget
salsa sauce
sardinas sardines
sartén poêle
semillas graines
sidra cidre
sofrito friture d'oignons et de tomates
solomillo aloyau de porc ou de veau
tallarines tagliatelles

LES TAPAS

LES TAPAS

los mejillones

los calamares

las croquetas

la ensalada
de pimientos

los boquerones
en vinagre

el jamón

las habas
con almejas

las aceitunas

la paella

la tortilla de patatas

el queso

el chorizo

LES FRUITS ET LÉGUMES

la col
las cebollas
el ajo
las zanahorias
la seta
los guisantes
los pimientos
el maíz
los kiwis
los tomates
los higos
las ciruelas
los albaricoques
las patatas
las frambuesas
las cerezas
la piña
el melocotón
la uva
las peras
la sandía
las naranjas
los plátanos
las fresas
los limones
las manzanas

tarta de queso sorte de tarte au fromage blanc
ternera veau
tierno tendre
tocino lard
tomate tomate
tomillo thym
torrija pain perdu
tortilla de patatas omelette aux pommes de terre
tostado grillé
trucha truite
vinagre vinaigre
vino vin
yema de huevo jaune d'œuf
yemas petites confiseries au jaune d'œuf et au sucre
zanahoria carotte

SORTIR

L'Espagne connaît une intense vie nocturne. Sortir pour **el fin de semana** (le week-end) est sacré en Espagne. Le jeudi déjà, on remarque plus de monde dehors, mais ce sont les vendredis et samedis soir que l'activité bat son plein. Les rues regorgent alors de monde. Les Espagnols sortent tard – en général à partir de 22-23h au plus tôt et souvent jusqu'à l'aube. Vous trouverez d'amples informations sur ce qu'il y a à faire à Madrid et à Barcelone dans la **Guía del Ocio** (www.guiadelocio.com) : spectacles, concerts, boîtes de nuit, etc. Vous pouvez également consulter le **Metrópoli** (www.metropoli.com), supplément du journal **El Mundo** ainsi que celui de **El País** (cultura.elpais.com) pour une information plus détaillée sur l'intense vie culturelle madrilène.

Le cinéma est meilleur marché qu'en France mais attention, les films étrangers sont presque toujours doublés.

Les discothèques espagnoles restent généralement ouvertes jusqu'aux petites heures du matin (entre 3h et 5h) ; l'âge minimum requis pour entrer est de 18 ans.

Pour commencer

bar — bar *bar*
billet *(pour un spectacle)* — entrada *ènntr**a**da*
boîte de nuit — discoteca *discot**é**ca*
cinéma — cine *th**i**né*
cirque — circo *th**i**rco*
concert de rock/jazz/pop — concierto de rock/jazz/pop *connthi**è**rto dé roc/yass/popp*
danse classique/contemporaine — danza clásica/contemporánea *d**a**nntha cl**a**ssica/conntèmmpor**a**néa*
festival — festival *fèstib**a**l*
fête — fiesta *fi**è**sta*
film — película *pél**i**coula*
folklorique — folclórico *folcl**o**rico*
groupe *(de musique)* — grupo *gr**ou**po*

musique classique/ traditionnelle música clásica/tradicional *moussica classica/tradithional*
publicités anuncios *anounnthioss*
réserver (par téléphone) reservar (por teléfono) *réssèrbar (por) téléfono*
soirée *(fête)* fiesta *fièsta*
sortir salir *salir*
spectacle espectáculo *èspèctacoulo*
théâtre teatro *téatro*
ticket entrada *ènntrada*
VO sous-titrée V.O. (versión original) con subtítulos *bèrsionn orixinal conn soubtitouloss*

Proposer, inviter

S'exprimer

où est-ce qu'on peut aller ?
¿adónde podemos ir?
adonndé podémoss ir?

ça te dit de … ?
¿te apetece …?
té apététhé …?

qu'est-ce que tu fais ce soir ?
¿qué vas a hacer esta noche?
ké bass a athèr esta notché?

qu'est-ce que tu veux faire ?
¿qué quieres hacer?
ké kiérèss athèr?

on va boire un verre ?
¿vamos a tomar algo?
bamoss a tomar algo?

qu'est-ce que vous faites ce soir ?
¿qué va a hacer esta noche?
ké ba a athèr esta notché?

tu as quelque chose de prévu ?
¿tienes algún plan?
tiénèss algounn plann?

on pensait aller à …
pensábamos ir a …
pènnsabamoss ir a ...

aujourd'hui, je ne peux pas mais un autre jour si tu veux
hoy no puedo pero quedamos otro día si quieres
oï no pouédo péro kédamoss otro diya si kiérèss

je ne suis pas sûr de pouvoir
no sé si podré
no sé si podré

avec plaisir
encantado(a)
ènncanntado(a)

Se retrouver

S'exprimer

est-ce qu'on ne pourrait pas se retrouver un peu plus tard ?
¿no podríamos vernos un poco más tarde?
*no podr**i**yamoss b**è**rnoss ounn p**o**co mass t**a**rdé?*

je dois rejoindre … à 9h
he quedado con … a las nueve
*é kéd**a**do conn ... a lass nou**é**bé*

on se retrouve où ?
¿dónde quedamos?
*d**o**nndé kéd**a**moss?*

on se retrouve à quelle heure ?
¿a qué hora quedamos?
*a ké **o**ra kéd**a**moss?*

je ne sais pas où c'est mais je trouverai sur la carte
no sé dónde está pero lo encontraré en el mapa
*no sé d**o**nnd-dèst**a** p**é**ro lo ènnconntrar**é** ènn èl m**a**pa*

à demain soir
hasta mañana por la noche
***a**sta magn**a**na por la n**o**tché*

je vous rejoindrai plus tard, il faut que je passe à l'hôtel d'abord
os veré más tarde, tengo que pasar primero por el hotel
*oss bér**é** mass t**a**rdé, t**è**nngo ké pass**a**r prim**é**ro por èl ot**è**l*

tu auras mangé avant ?
¿cenarás antes?
*thénar**a**ss **a**nntèss?*

désolé d'être en retard
siento llegar tarde
*si**è**nnto llég**a**r t**a**rdé*

Comprendre

¿te va bien?
est-ce que ça te convient ?

pasaré a buscarte sobre las ocho
je passerai te chercher vers 8 heures

nos encontramos frente a …
on se retrouve devant …

nos vemos directamente allí
on se rejoint directement là-bas

te voy a dar mi número, no tienes más que llamarme mañana
je vais te donner mon numéro, tu n'as qu'à m'appeler demain

SORTIR

Quelques expressions familières

tomar algo prendre un verre
picar algo manger un bout

Cinéma, spectacles, concerts

S'exprimer

est-ce qu'il y a un guide des spectacles ?
¿hay alguna guía de espectáculos?
*a**ï** alg**ou**na gu**i**ya dé èspèct**a**couloss?*

je voudrais 3 places pour …
quiero tres entradas para …
*ki**é**ro trèss ènntr**a**dass p**a**ra ...*

2 tickets, s'il vous plaît
dos entradas, por favor
*doss ènntr**a**dass, por fab**o**r*

je l'ai déjà vu en France, c'est pas mal
ya lo/la he visto en Francia, no está mal
*ya lo/la é b**i**sto ènn fr**a**nnthia, no èst**a** mal*

j'en ai entendu parler, il paraît que c'est …
he oído hablar de él/ella, dicen que …
*é o**ï**do abl**a**r de èl/**é**ïlla, d**i**thènn ké …*

j'ai vu la bande-annonce, ça a l'air …
he visto el tráiler, parece …
*é b**i**sto él tr**a**ïlèr, par**é**thé …*

à quelle heure est la séance ? et le film ?
¿a qué hora es la sesión? ¿y la película?
*a ké **o**ra èss la séssi**o**nn? i la pél**i**coula?*

j'aimerais bien aller voir un spectacle
me gustaría mucho ir a ver un espectáculo
*mé goustar**i**ya m**ou**tcho ir a bèr ounn èspèct**a**coulo*

je vais passer voir s'il reste des places
voy a pasar a ver si quedan entradas
*bo**ï** a pass**a**r a bèr si k**é**dann ènntr**a**dass*

est-ce qu'il faut réserver à l'avance ?
¿hay que reservar con antelación?
**a**ï ké réssèrb**a**r conn anntélathi**o**nn?

ça se joue jusqu'à quand ?
¿hasta cuándo está en cartel?
**a**sta cou**a**nndo est**a** ènn cart**è**l?

est-ce qu'il reste des places un autre jour ?
¿quedan entradas para otro día?
k**é**dann ènntr**a**dass p**a**ra **o**tro d**i**ya?

j'aimerais bien aller à un concert dans un café ou quelque chose comme ça
me gustaría mucho ir a un concierto en un café o algo así
mé goustar**i**ya m**ou**tcho ir a ounn connthi**è**rto ènn ounn caf**é** o **a**lgo ass**i**

est-ce qu'il y a des concerts gratuits ?
¿hay conciertos gratuitos?
**a**ï connthi**è**rtoss gratou**ï**toss?

c'est quel genre de musique ?
¿qué estilo de música es?
ké èst**i**lo dé m**ou**ssica èss?

je n'aime pas beaucoup ce type de musique
no me gusta mucho ese tipo de música
no mé g**ou**sta m**ou**tcho **é**ssé t**i**po dé m**ou**ssica

Comprendre

cine de arte y ensayo cinéma d'art et d'essai
estreno el ... sortie le ...
¡otra! une autre ! _(chanson)_
reservas réservations
taquillas billetterie

hay un concierto de música clásica en la iglesia
il y a un concert de musique classique dans l'église

es un concierto al aire libre
c'est un concert en plein air

tiene muy buenas críticas
il y a de très bonnes critiques

se estrena la semana que viene
ça sort la semaine prochaine

es a las ocho en el Odeón
ça joue à 8h à l'Odeón

ya no hay entradas para esta sesión
il n'y a plus de places pour cette séance

no hay entradas hasta el ...
c'est complet jusqu'au ...

se recomienda llegar un cuarto de hora antes
il est conseillé de venir un quart d'heure avant

las entradas se venden a la entrada, media hora antes del espectáculo
les places sont vendues à l'entrée, une demi-heure avant le spectacle

no hace falta reservar con antelación
ce n'est pas la peine de réserver à l'avance

la función dura una hora y media con el entreacto
la pièce dure une heure et demie avec entracte

apaguen sus teléfonos móviles, por favor
prière d'éteindre votre portable

Fêtes, soirées, discothèques

S'exprimer

j'organise une petite soirée pour mon départ
voy a hacer una fiestecita de despedida
*boï a ath**è**r **ou**na fi**è**stéth**i**ta dé dèspéd**i**da*

il y a un bal pour la fête du village ce soir
hay baile esta noche, por las fiestas del pueblo
***a**ï b**a**ïlé **e**sta n**o**tché, por lass fi**è**stass dèl pou**é**blo*

est-ce qu'il faut apporter quelque chose à boire ?
¿hay que llevar algo de beber?
***a**ï ké lléb**a**r **a**lgo dé béb**è**r?*

on pourrait aller en boîte après
después podríamos ir a la discoteca
dèspouèss podriyamoss ir a la discotéca

l'entrée est payante ?
¿hay que pagar entrada?
aï ké pagar ènntrada?

je dois retrouver quelqu'un à l'intérieur
he quedado con alguien dentro
é kédado conn alguiènn dènntro

vous me laisserez entrer quand je reviendrai ?
¿me dejará entrar cuando vuelva?
mé déxara ènntrar couanndo bouèlba?

tu viens souvent ici ?
¿vienes mucho por aquí?
biénèss moutcho por aki?

non merci, je ne fume pas
no gracias, no fumo
no grathiass, no foumo

merci, mais je suis avec mon copain
no gracias, estoy con mi novio
no grathiass, èstoï conn mi nobio

je danse comme un pied
bailo como un pato
baïlo como ounn pato

comment ça se danse ?
¿cómo se baila esto?
como sé baïla èsto?

Comprendre

al aire libre en plein air
consumición gratuita conso gratuite
desfile défilé
guardarropa vestiaire
santo patrón saint patron
verbena fête populaire nocturne

hay una fiesta en casa de …
il y a une soirée chez …

¿quieres bailar?
tu veux danser ?

eres muy guapa
tu es très belle

¿te apetece algo de beber?
je t'offre quelque chose à boire ?

hay una sala de música disco y otra de latina
il y a une salle disco et une autre latino

¿tienes fuego, por favor?
est-ce que tu as du feu ?

¿tienes un cigarrillo, por favor?
est-ce que tu aurais une cigarette ?

¿podemos vernos otro día?
on peut se revoir ?

¿puedo acompañarte a casa?
je peux te raccompagner ?

VISITES TOURISTIQUES

Les musées en Espagne sont généralement ouverts tous les jours (certains ferment cependant le lundi) mais ferment plus tôt le dimanche et les jours fériés (14h ou 14h30). Tout comme pour les musées, l'entrée de bon nombre de monuments et d'églises est payante. Des réductions sont offertes aux étudiants et l'entrée est gratuite dans certains musées le premier dimanche ou jeudi de chaque mois.

Dans de nombreux cas, trouver des horaires fiables relève de l'exploit. L'information donnée diffère souvent à l'entrée, à l'office du tourisme, dans les guides, selon la saison, et les fermetures pour raisons diverses et sans préavis sont monnaie courante… Consultez donc de préférence le site Internet institutionnel.

Pour commencer

ancien	antiguo *annt**i**gwo*
art contemporain	arte contemporáneo ***a**rté conntèmmpor**a**néo*
art moderne	arte moderno ***a**rté mod**è**rno*
cathédrale	catedral *catédr**a**l*
centre-ville	centro ciudad *th**è**nntro thioud**a**d*
château	castillo *cast**i**llo*
église	iglesia *igl**é**ssia*
exposition	exposición *ecspossithi**o**nn*
galerie	galería *galér**i**ya*
guide *(personne)*	guía *gu**i**ya*
musée	museo *mouss**é**o*
office du tourisme	oficina de turismo *ofith**i**na dé tour**i**smo*
parc	parque *p**a**rké*
peinture	pintura *pinnt**ou**ra*
quartier	barrio *b**a**rrio*
siècle	siglo *s**i**glo*
tableau	cuadro *cou**a**dro*
touristique	turístico *tour**i**stico*

VISITE TOURISTIQUE

S'exprimer

je voudrais avoir des renseignements sur ...
quisiera información sobre ...
*kissi**é**ra innformathi**o**nn s**o**bré ...*

où est-ce que je peux trouver des informations sur ... ?
¿dónde puedo encontrar información sobre ...?
*d**o**nndé pou**é**do ènnconntr**a**r innformathi**o**nn s**o**bré ...?*

est-ce que vous auriez un plan de la ville ?
¿tiene algún plano de la ciudad?
*ti**é**né alg**ou**nn pl**a**no dé la thioud**ad**?*

on m'a dit qu'il y a à ... une ancienne abbaye qu'on peut visiter
me han dicho que en ... hay una antigua abadía que se puede visitar
*mé ann d**i**tcho ké ènn ... **aï** **ou**na anntigwa abad**i**ya ké sé pou**é**dé bissit**a**r*

vous pouvez me montrer où c'est sur le plan ?
¿me puede indicar dónde está en el plano?
*mé pou**é**dé inndic**a**r d**o**nnd-dèst**a** ènn él pl**a**no?*

comment on y va ?
¿cómo se puede ir?
*c**o**mo sé pou**é**dé ir?*

c'est gratuit ?
¿es gratis?
*èss gr**a**tiss?*

quand est-ce que ça a été construit ?
¿cuándo se construyó?
*cou**a**nndo sé connstrouy**o**?*

Comprendre

abierto	ouvert
casco viejo	vieille ville
cerrado	fermé
entrada libre	entrée libre
gótico	gothique
guerra	guerre
románico	roman
trabajos de reforma/ restauración	travaux de rénovation/restauration
usted se encuentra aquí	vous êtes ici *(sur un plan)*
visita guiada	visite guidée

la capilla data del siglo trece
la chapelle date du XIIIe siècle

hay varias casas de la Edad Media
plusieurs maisons remontent au Moyen-Âge

Musées, expositions et monuments

S'exprimer

il paraît qu'il y a une très bonne expo sur … en ce moment
al parecer hay actualmente una exposición muy buena sobre …
*al paré**th**ér **a**ï actoualm**è**nnté **ou**na ecspossithi**o**nn m**ou**ï bou**é**na s**o**bré ...*

combien coûte l'entrée ?
¿cuánto cuesta la entrada?
*cou**a**nnto cou**è**sta la ènntr**a**da?*

le ticket est valable aussi pour l'exposition ?
¿la entrada vale también para la exposición?
*la ènntr**a**da b**a**lé tammbi**è**nn p**a**ra la ecspossithi**o**nn?*

est-ce qu'il y a des réductions pour les jeunes ?
¿hay descuentos para jóvenes?
***a**ï dèscou**è**nntoss p**a**ra x**o**bénèss?*

est-ce que c'est ouvert le dimanche ?
¿está abierto los domingos?
*est**a** abi**è**rto loss dom**i**nngoss?*

2 tarifs réduits et un plein tarif
dos entradas reducidas y una normal
*doss ènntr**a**dass rédouth**i**dass i **ou**na norm**a**l*

j'ai cette carte de mon université
tengo este carné de la universidad
*t**è**nngo **e**sté carn**é** dé la ounibèrsid**a**d*

à quelle heure est la prochaine visite guidée ?
¿a qué hora es la siguiente visita guiada?
*a ké **o**ra èss la sigui**è**nnté biss**i**ta guiy**a**da?*

combien de temps dure la visite ?
¿cuánto dura la visita?
*cou**a**nnto d**ou**ra la biss**i**ta?*

Comprendre

audioguía — audiophone
exposición temporal/permanente — exposition temporaire/permanente
prohibido sacar fotografías — photos interdites
prohibido utilizar flash — flash interdit
sentido de la visita — sens de la visite
silencio por favor — silence, s'il vous plaît
taquilla — billetterie

la entrada al museo cuesta ...
l'entrée du musée coûte ...

con esta entrada, puede acceder también a la exposición
avec ce ticket, vous avez aussi accès à l'exposition

¿tiene el carné de estudiante?
vous avez votre carte d'étudiant ?

la visita guiada en francés empieza dentro de cinco minutos
la visite guidée en français commence dans 5 minutes

Impressions

S'exprimer

c'est magnifique
es magnífico
èss mag-nifico

c'est cher pour ce que c'est
es caro para lo que es
èss caro para lo ké èss

ça ne m'a pas tellement plu
no me ha gustado demasiado
no mé a goustado démassiado

c'est très touristique
es muy turístico
èss mouï touristico

il y avait énormément de monde
había muchísima gente
abiya moutchissima rènnté

finalement on n'y a pas été, il y avait trop de queue
al final no entramos, había demasiada cola
al final no ènntramoss, abiya démassiada cola

on n'a pas eu le temps de tout voir
no nos ha dado tiempo a verlo todo
*no noss a **da**do ti**è**mmpo a **bè**rlo **to**do*

Comprendre

famoso célèbre
pintoresco pittoresque

no dejéis de ir a ver …
il faut absolument que vous alliez voir …

os recomiendo ir a …
je vous recommande d'aller à …

hay una vista maravillosa de todo el valle
il y a une vue superbe sur toute la vallée

se ha vuelto muy turístico
c'est devenu très touristique

la costa está completamente destrozada
la côte a été complètement défigurée

LES ARBRES

el abeto

el olivo

el abedul

el álamo

el castaño

la palmera

el tilo

el sauce llorón

el roble

la hierba

Mini guide culturel et touristique

Les sites incontournables à visiter en **ESPAGNE**

Les sites incontournables

• La Giralda de Sevilla

Ancien minaret, devenu clocher de la cathédrale de Séville. Avec ses 100 m de hauteur, la tour a été, pendant des siècles, la plus haute d'Espagne.

• El Museo Guggenheim de Bilbao

Musée d'art contemporain, recouvert de verre et de plaques de titane. Il attire chaque année plus d'un million de visiteurs. À ne pas manquer si on visite le Pays basque !

• La mezquita-catedral de Córdoba

Autrefois la deuxième mosquée la plus grande du monde, c'est aujourd'hui une cathédrale inscrite sur la liste du patrimoine mondial.

En Espagne

La Alhambra de Granada

Forteresse et résidence des souverains arabes à Grenade, à laquelle Charles Quint a annexé un palais à l'italienne. Les jardins du Generalife sont exceptionnels.

El Teatro Romano de Mérida

Théâtre de la Rome antique qui accueille aujourd'hui, en été, un grand festival international de théâtre classique.

Les sites incontournables

- **Las casas colgadas de Cuenca**
Des maisons suspendues au-dessus du vide ! D'origine gothique populaire, l'une d'entre elles abrite aujourd'hui le musée d'Art abstrait espagnol.

- **El acueducto de Segovia**
Cet impressionnant aqueduc romain qui traverse la ville castillane compte au total 166 arcs !

- **La catedral de Santiago de Compostela**
Destination historique des pèlerins de toute l'Europe. **El Camino de Santiago** et la vieille ville sont inscrits au parimoine mondial.

À Madrid

Retrouvez ces lieux sur la carte en début d'ouvrage

• **La fuente de Cibeles** CARTE 1 ①
Cette fontaine monumentale, véritable symbole de la capitale, est le lieu des célébrations sportives pour les Madrilènes.

À Madrid

• La Puerta de Alcalá

CARTE 1 ②

Autre symbole de la capitale, l'arc de triomphe qui se trouve au carrefour des rues les plus chics de Madrid.

• El Museo del Prado

CARTE 1 ③

Parmi ses trésors, les œuvres de Vélasquez et Goya. Il forme avec le **Museo Thyssen-Bornemisza** et le **Centro Reina Sofía**, le **Triángulo del Arte** de la capitale.

• La plaza Mayor

CARTE 1 ④

Envie de boire ou de manger quelques tapas sur une terrasse au soleil ou sous de splendides arcades ? Rendez-vous dans cette grande place on ne peut plus espagnole...

Barcelone

Retrouvez ces lieux sur la carte en fin d'ouvrage

- **La Sagrada Familia** CARTE 2 ①

Cette basilique de 170 m de hauteur est le chef-d'œuvre de l'architecte catalan Antoni Gaudí. Commencée au XIXe siècle, elle n'est pas encore complètement achevée !

À Barcelone

• El parque Güell

CARTE 2 ②

Peuplé d'une grande variété de plantes et d'arbres méditerranéens, ce parc féerique de Gaudí est décoré de mosaïques de céramique et de verre.

• Las Ramblas

CARTE 2 ③

Promenade emblématique de Barcelone, les Ramblas relient la **plaza de Cataluña** au front de mer. Jalonnées de kiosques à journaux et de marchands de fleurs, elles sont noires de monde jusque très tard dans la nuit.

• La Casa Milà

CARTE 2 ④

Cette impressionnante maison conçue par Gaudí est connue sous le nom de **la Pedrera**. Elle a failli être en partie démolie car ses dimensions dépassaient la largeur et la hauteur autorisées !

Crédits photographiques : Fotolia.com, Thinkstock.com, Shutterstock

... ET LES FLEURS

SPORTS ET JEUX

Si vous souhaitez faire de la randonnée en Espagne, vous trouverez bon nombre d'informations et de cartes auprès des offices du tourisme (**oficinas de turismo**). Tout au long de l'année, des milliers de pélerins et randonneurs suivent le célèbre chemin de Saint-Jacques-de-Compostelle (**camino de Santiago**). Le cyclisme connaît également beaucoup d'aficionados. Le ski se pratique surtout dans les Pyrénées et dans la Sierra Nevada. Les corridas quant à elles sont suivies par une certaine frange de la population mais avec une ferveur toute particulière. Les matchs entre certaines équipes de football déchaînent régulièrement les passions en Espagne. C'est le cas par exemple des équipes adverses du **Real Madrid** et du **Barça** (de Barcelone), du **Betis** et du **Sevilla** (deux équipes de Séville), ou encore du **Bilbao** et du **Real Sociedad** (deux équipes basques).

Pour commencer

balle	pelota *pél**o**ta*
ballon	balón *bal**o**nn*
bicyclette	bicicleta *bithicl**é**ta*
cartes	cartas *c**a**rtass*
échecs	ajedrez *axédr**è**th*
excursion	excursión *ecscoursi**o**nn*
faire de la randonnée	hacer senderismo *ath**è**r sènndér**i**smo*
faire une partie de …	jugar una partida de … *roug**a**r **ou**na part**i**da dé ...*
football	fútbol *f**ou**tbol*
jeu de société	juego de mesa *xou**é**go dé m**é**ssa*
jouer à …	jugar a … *xoug**a**r a ...*
match	partido *part**i**do*
piscine	piscina *pisth**i**na*
sentier de randonnée	sendero para caminar *sènnd**é**ro p**a**ra camin**a**r*
ski alpin	esquí alpino *è**ski alp**i**no*
ski de fond	esquí de fondo *è**ski dé f**o**nndo*

skier — esquiar *èski**a**r*
sport — deporte *dép**o**rté*
tennis — tenis *t**é**niss*
vélo — bici *b**i**thi*
VTC — bicicleta de paseo *bithicl**é**ta dé pass**é**o*
VTT — bicicleta de montaña *bithicl**é**ta dé monnt**a**gna*

S'exprimer

je voudrais en louer pour une heure
quiero alquilar uno/una para una hora
*ki**é**ro alkil**a**r **ou**no/**ou**na p**a**ra **ou**na **o**ra*

est-ce qu'on peut prendre des cours de … ?
¿dan clases de …?
*dann cl**a**ssèss dé ...?*

combien ça coûte par heure et par personne ?
¿cuánto cuesta por hora y por persona?
*cou**a**nnto cou**è**sta por **o**ra i por pèrs**o**na?*

je n'en ai jamais fait
nunca he hecho
*n**ou**nnca é **é**tcho*

je suis nul en …
… se me da fatal
*… sé mé da f**a**tal*

je n'en peux plus
ya no puedo más
*ya no pou**é**do mass*

j'ai des courbatures
tengo agujetas
*t**è**nngo agoux**é**tass*

on s'arrête pour pique-niquer ?
¿paramos a comer algo?
*par**a**moss a com**è**r **a**lgo?*

on a joué à/au…
hemos jugado a/al …
*é**moss xoug**a**do a/al...*

Comprendre

alquiler de …
location de …

hay que pagar … por adelantado
il faut verser un acompte de …

¿tienes algo de experiencia o eres principiante?
est-ce que tu as des notions ou tu es complètement débutant ?

el seguro cuesta … y es obligatorio
l'assurance coûte … et est obligatoire

Randonnée

S'exprimer

est-ce qu'il y a des sentiers de randonnée ?
¿hay senderos para caminar?
***a**ï sènnd**é**ross p**a**ra camin**a**r?*

qu'est-ce que vous nous conseillez comme marche dans les environs ?
¿nos podría recomendar alguna ruta para andar por los alrededores?
*noss podr**i**ya récomènnd**a**r alg**ou**na r**ou**ta p**a**ra annd**a**r por loss alrédéd**o**rèss?*

on m'a dit qu'il y a une très belle balade au bord du lac
me han dicho que hay un paseo muy bonito al borde del lago
*mé ann d**i**tcho ké **a**ï ounn pass**é**o m**ou**ï bon**i**to al b**o**rdé dèl l**a**go*

on cherche une petite balade à faire dans le coin
queremos dar un paseito por aquí cerca
*kér**é**moss dar ounn pass**é**ïto por ak**i** th**è**rca*

est-ce qu'il faut avoir des chaussures de randonnée ?
¿hace falta llevar botas de montaña?
***a**thé f**a**lta lléb**a**r b**o**tass dé mont**a**gna?*

combien de temps dure la randonnée ?
¿cuánto dura la excursión?
*cou**a**nnto d**ou**ra la ecscoursi**o**nn?*

est-ce que ça monte beaucoup ?
¿hay muchas cuestas?
***a**ï m**ou**tchass cou**è**stass?*

où démarre le sentier ?
¿dónde empieza el sendero?
*d**o**nndé èmmpi**é**tha èl sènnd**é**ro?*

SPORTS ET JEUX

est-ce que le chemin est balisé ?
¿el camino está señalizado?
*èl cam**i**no èst**a** ségnalith**a**do?*

on s'est baladé dans la campagne
hemos dado un paseo por el campo
***é**moss d**a**do ounn pass**é**o por èl c**a**mmpo*

est-ce que c'est un chemin circulaire?
¿el camino es un circuito completo?
*èl cam**i**no èss ounn thircou**ï**to commpl**é**to?*

Comprendre

duración media durée moyenne

es una excursión de tres horas aproximadamente, contando las pausas
c'est une marche d'environ 3 heures en comptant les pauses

lleven agua y cuidado con el sol
prévoyez de l'eau et faites attention avec le soleil

Ski

S'exprimer

je voudrais louer des skis, des bâtons et des chaussures de ski
quiero alquilar unos esquís, bastones y botas de esquiar
*ki**é**ro alkil**a**r **ou**noss esqu**i**ss, baston**è**ss i b**o**tass dé èski**a**r*

elles sont trop petites
me van pequeñas
*mé bann pék**é**gnass*

j'ai déjà fait du ski
ya he esquiado otras veces
*ya é èski**a**do **o**trass b**é**thèss*

un forfait pour une journée
un forfait para un día
*ounn forf**a**ïtt p**a**ra ounn d**i**ya*

Comprendre

percha tire-fesses
remontes remontées mécaniques
telesilla télésiège

Autres sports

S'exprimer

y a-t-il des pistes cyclables ?
¿hay pistas para bicicletas?
aï pistass para bithiclétass?

où peut-on louer des vélos ?
¿dónde se puede alquilar bicicletas?
donndé sé pouédé alkilar bithiclétass ?

est-ce que quelqu'un aurait un ballon de foot ?
¿tiene alguien un balón de fútbol?
tiéné alguiènn ounn balonn dé foutbol?

y a-t-il une piscine en plein air ?
¿hay alguna piscina descubierta?
aï algouna pisthina dèscoubièrta?

je n'ai jamais fait de plongée avant
no he buceado nunca
no é bouthéado nounnca

je voudrais prendre des cours de voile pour débutants
quiero tomar clases de vela para principiantes
kiéro tomar classèss dé béla para prinnthipianntèss

Comprendre

hay pistas de tenis municipales cerca de la estación
il y a des terrains de tennis municipaux pas loin de la gare

la cancha de tenis está ocupada
le court de tennis est déjà occupé

¿es la primera vez que monta a caballo?
c'est la première fois que vous montez un cheval ?

¿sabe nadar?
vous savez nager ?

¿juegas al baloncesto?
est-ce que tu joues au basket ?

Jeux de société

S'exprimer

on fait une partie de cartes ?
¿jugamos una partida de cartas?
*xoug**a**moss **ou**na p**a**rtida dé c**a**rtass?*

c'est à ton tour de jouer
te toca jugar
*té t**o**ca xoug**a**r*

tu veux prendre ta revanche ?
¿quieres la revancha?
*ki**é**rèss la réb**a**nntcha?*

on s'arrête où on joue la belle ?
¿lo dejamos ya o jugamos la buena?
*lo déx**a**moss ya o xoug**a**moss la bou**é**na?*

Comprendre

¿sabe jugar al ajedrez?
vous savez jouer aux échecs ?

¿tienes una baraja de cartas?
est-ce que tu as un jeu de cartes ?

Quelques expressions familières

estoy hecho polvo je suis crevé
me ha machacado il m'a littéralement écrasé

LES SPORTS

el fútbol

el baloncesto

el béisbol

el fútbol americano

el footing

el tenis

el rugby

el boxeo

el hockey

la gimnasia

el ping-pong

el golf

el patinaje en línea

el submarinismo

las artes marciales

el ciclismo

el esquí

el surf

SPORTS ET JEUX

LES LOISIRS

el yoga
la música
el cine
el ballet
las cartas
la pintura
el dibujo
la jardinería
el bricolaje
la fotografía
chatear con amigos
ir de tiendas
salir a bailar
la natación
la pesca
la lectura
los viajes
la cocina

COURSES ET SHOPPING

ⓘ En Espagne, les commerces sont généralement ouverts du lundi au samedi inclus, de 10h à 13h30 et de 16h à 20h30. Certains grands magasins et supermarchés restent cependant ouverts à l'heure du déjeuner et plus tard le soir.

Si vous souhaitez payer par carte, on vous demandera de composer votre code confidentiel mais parfois aussi de présenter une pièce d'identité et de signer le reçu.

Les grandes surfaces leur font une rude concurrence mais les marchés restent une tradition fortement ancrée dans la vie espagnole. La plupart des marchés sont ouverts toute la semaine sauf le dimanche. Traditionnellement, ils sont ouverts le matin mais certains marchés rouvrent désormais l'après-midi.

Pour commencer

acheter comprar *commpr**a**r*
bon marché barato *bar**a**to*
boulangerie panadería *panadér**i**ya*
boutique tienda *ti**è**nnda*
cadeau regalo *rég**a**lo*
caisse caja *c**a**xa*
centre commercial centro comercial *th**è**nntro comèrthi**a**l*
cher caro *c**a**ro*
coûter costar *cost**a**r*
kilo kilo *k**i**lo*
légumes verduras *bèrd**ou**rass*
magasin tienda *ti**è**nnda*
marché mercado *mèrc**a**do*
pain pan *pann*
payer pagar *pag**a**r*
prix precio *pr**é**thio*
rembourser devolver el dinero *débolb**è**r èl din**é**ro*
soldes rebajas *réb**a**xass*
souvenir *(objet)* souvenir *soub**é**nir*
supermarché supermercado *soupèrmèrc**a**do*

tabac *(magasin)* — estanco *èst**a**nnco*
ticket de caisse — ticket de compra *tik**è**tt dé c**o**mmpra*
vendeur — dependiente *dépènndi**è**nnté*
vendre — vender *bènnd**è**r*
vêtements — ropa *r**o**pa*

S'exprimer

est-ce qu'il y a un supermarché dans le quartier ?
¿hay algún supermercado en el barrio ?
***a**ï alg**ou**nn soupèrmèrc**a**do ènn èl b**a**rrio?*

où est-ce que je peux acheter des journaux étrangers ?
¿dónde puedo comprar periódicos extranjeros?
*d**o**nndé pou**é**do commpr**a**r péri**o**dicoss ècstrannx**é**ross?*

je voudrais …
quiero …
*ki**é**ro ...*

je cherche …
estoy buscando …
*èst**o**ï bousc**a**nndo ...*

est-ce que vous avez … ?
¿tienen …?
*ti**é**nènn …?*

est-ce que vous savez où je peux en trouver ?
¿sabe dónde podría encontrar?
*s**a**bé d**o**nndé podr**i**ya ènnconntr**a**r?*

est-ce que vous pouvez me le commander ?
¿me lo puede encargar?
*mé lo pou**é**dé ènncarg**a**r?*

combien coûte ce … ?
¿cuánto cuesta este …?
*cou**a**nnto cou**è**sta **è**sté ...?*

c'est bon, je le prends
está bien, me lo quedo
*èst**a** bi**è**nn, mé lo k**é**do*

vous ne pouvez pas me faire un petit rabais ?
¿no me puede hacer un poco de descuento?
*no mé pou**é**dé ath**è**r ounn p**o**co dé dèscou**è**nnto?*

SHOPPING

je n'ai pas beaucoup d'argent
no tengo mucho dinero
*no tènngo m**ou**tcho din**é**ro*

ça sera tout, merci
nada más, gracias
*n**a**da mass, gr**a**thiass*

est-ce que je peux avoir un sac (plastique) ?
¿me puede dar una bolsa (de plástico)?
*mé pou**é**dé dar **ou**na b**o**lsa (dé pl**a**stico)?*

je n'ai pas assez d'argent
no tengo suficiente dinero
*no t**è**nngo soufithi**è**nnté din**é**ro*

vous avez fait une erreur en me rendant la monnaie
se ha equivocado, me ha dado mal la vuelta
*sé a ékiboc**a**do, mé a d**a**do mal la bou**è**lta*

Comprendre

abierto de … a … ouvert de … à …
oferta promotion
rebajas soldes

cerrado los domingos/de 13:00 a 15:00
fermé le dimanche/de 13h à 15h

¿algo más?
et avec ceci ?

¿le pongo una bolsa?
est-ce que vous voulez un sac ?

Payer

S'exprimer

où est-ce qu'on paye ?
¿dónde está la caja?
*d**o**nnd-dèst**a** la c**a**xa?*

combien je vous dois ?
¿cuánto le debo?
*cou**a**nnto lé d**é**bo?*

pourriez-vous me l'écrire, s'il vous plaît ?
¿me lo puede escribir, por favor?
*mé lo pou**é**dé èscrib**i**r, por fab**o**r?*

est-ce que je peux payer par Carte Bleue® ?
¿se puede pagar con tarjeta?
*sé pou**é**dé pag**a**r conn tarx**é**ta?*

est-ce que vous acceptez les cartes de crédit ?
¿admiten tarjetas de crédito?
*adm**i**tènn tarx**é**tass dé cr**é**dito?*

je vais payer en liquide
voy a pagar en metálico
*b**o**ï a pag**a**r énn mét**a**lico*

désolé, je n'ai pas de monnaie
lo siento, no tengo cambio
*lo si**è**nnto, no t**è**nngo c**a**mmbio*

est-ce vous pouvez me faire de la monnaie ?
¿puede darme cambio?
*pou**é**dé d**a**rmé c**a**mmbio?*

je peux avoir un reçu ?
¿me puede dar un recibo?
*mé pou**é**dé dar ounn réth**i**bo?*

Comprendre

pagar en caja
payez à la caisse

¿cómo va a pagar?
vous réglez comment ?

¿no tiene nada de cambio?
vous n'avez pas du tout de monnaie ?

¿me permite su documento de identidad?
vous avez une pièce d'identité ?

firme aquí, por favor
je vais vous demander de signer là

Alimentation

S'exprimer

où est-ce qu'on peut acheter à manger à cette heure-ci ?
¿dónde se puede comprar comida a estas horas?
*d**o**nndé sé pou**é**dé commpr**a**r com**i**da a **e**stass **o**rass?*

y a-t-il un marché ?
¿hay algún mercado?
***a**ï alg**ou**nn mèrc**a**do?*

y a-t-il une boulangerie dans le coin ?
¿hay alguna panadería por aquí?
***a**ï alg**ou**na panadér**i**ya por ak**i**?*

je cherche le rayon des conserves
estoy buscando las conservas
*èst**o**ï bousc**a**nndo lass connsè**r**bass*

je voudrais 5 tranches de jambon
quiero cinco lonchas de jamón
*ki**é**ro th**i**nnco l**o**nntchass dé xam**o**nn*

je vais prendre un morceau de ce fromage de brebis
póngame un pedazo de ese queso de oveja
*ponngamé ounn péd**a**tho dé **é**ssé k**é**sso dé ob**é**xa*

non, pas celui-ci, celui-là, plus à droite, oui c'est ça
no, este no, aquel, más a la derecha, sí, eso es
*no, **é**sté no, ak**è**l, mass a la dér**é**tcha, si, **é**so èss*

c'est pour 4 personnes
es para cuatro personas
*èss p**a**ra cou**a**tro pèrs**o**nass*

environ 300 grammes
unos trescientos gramos
***ou**noss trèsthi**è**nntoss gr**a**moss*

un kilo de pommes de terre, s'il vous plaît
un kilo de patatas, por favor
*ounn k**i**lo dé pat**a**tass, por fab**o**r*

un peu plus/moins
un poco más/menos
ounn poco mass/ménoss

ça se conserve bien ?
¿se conserva bien?
sé connsèrba biènn?

c'est possible de goûter ?
¿puedo probarlo?
pouédo probarlo?

on peut voyager avec ?
¿se puede llevar de viaje?
sé pouédé llébar dé biaxé?

Comprendre

consumir antes del ... — à consommer avant le ...
fabricación casera — fabrication artisanale
productos regionales — spécialités de la région

hay mercado todos los días hasta la una
il y a marché tous les jours jusqu'à 13 heures

hay una tienda de comestibles a la vuelta de la esquina que abre hasta tarde
il y a un épicier juste au coin de la rue qui reste ouvert tard le soir

Habillement

S'exprimer

je cherche le rayon hommes
estoy buscando la sección de hombres
estoï bouscanndo la sékthionn dé ommbrèss

non, merci, je regarde seulement
no, gracias, solo estoy mirando
no, grathiass, solo estoï miranndo

je peux l'essayer ?
¿puedo probármelo/probármela?
pouédo probarmélo/probarméla?

je chausse du 39
calzo treinta y nueve
caltho tréïnta-i-nouébé

je voudrais essayer celui-là qui est en vitrine
quisiera probarme aquel que está en el escaparate
kissiéra probarmé akèl ké èsta ènn èl èscaparaté

où sont les cabines d'essayage ?
¿dónde están los probadores?
*d**o**nnd-dèst**a**nn loss probad**o**rèss?*

vous ne l'avez pas dans une autre couleur ?
¿no lo tiene en otro color?
*no lo ti**é**né ènn **o**tro col**o**r?*

est-ce que vous l'avez dans une plus petite/grande taille ?
¿tiene una talla más/menos?
*ti**é**né **ou**na t**a**ïlla mass/m**é**noss?*

est-ce que vous les avez en rouge ?
¿los tiene en rojo?
*loss ti**é**né ènn r**o**xo?*

c'est trop large
es demasiado ancho
*èss démassi**a**do **a**nntcho*

non, je n'aime pas
no, no me gusta
*no, no mé g**ou**sta*

oui, ça va, je les prends
sí, está bien, me los/las quedo
*si, èst**a** bi**è**nn, mé loss/lass k**é**do*

je vais réfléchir
voy a pensármelo
*b**o**ï a pènns**a**rmélo*

Comprendre

abrimos el domingo día 30 ouverture exceptionnelle le dimanche 30

probadores cabines d'essayage
ropa de caballero vêtements pour hommes
ropa de señora vêtements pour femmes
ropa infantil vêtements pour enfants

¿puedo ayudarle?
je peux vous aider ?

¿está buscando algo?
vous cherchez quelque chose ?

nos queda solamente en azul o en negro
il ne nous en reste qu'en bleu ou en noir

ya no nos queda de esa talla
il ne nous en reste plus dans cette taille

le queda bien
ça vous va bien

bueno ¿qué le parece?
alors ? qu'est-ce que vous en pensez ?

los artículos rebajados no se cambian
les articles en soldes ne peuvent pas être échangés

Souvenirs et cadeaux

S'exprimer

je cherche un cadeau à ramener
busco un regalo para llevar
*b**ou**sco ounn rég**a**lo p**a**ra lléb**a**r*

je voudrais quelque chose de facile à transporter
quiero algo que se pueda llevar de viaje
*ki**é**ro **a**lgo ké sé pou**é**da lléb**a**r dé bi**a**xé*

c'est pour une petite fille de 4 ans
es para una niña de cuatro años
*èss p**a**ra **ou**na n**i**gna dé cou**a**tro **a**gnoss*

est-ce que vous pouvez me faire un paquet-cadeau ?
¿me lo puede envolver para regalo?
*mé lo pou**é**dé èmmbolb**è**r p**a**ra rég**a**lo?*

Comprendre

de madera/plata/oro/lana/algodón	en bois/argent/or/laine/coton
hecho a mano	fait main
producto artesanal	produit artisanal

depende, ¿cuánto pensaba gastar?
ça dépend, combien vous êtes prêt à dépenser ?

¿es para regalo?
c'est pour offrir ?

Quelques expressions familières

¡es un timo! c'est de l'arnaque !
cuesta un ojo de la cara ça coûte les yeux de la tête
está tirado de precio c'est donné
remate final soldes monstres

naranja
blanco
marrón
verde
azul
rosa
rojo
gris
morado
negro
celeste
amarillo

LES VÊTEMENTS

... ET LES ACCESSOIRES

el sombrero

el gorro
de lana

la gorra

los guantes

el cinturón

el monedero

la riñonera

las gafas de sol

el paraguas

el bolso
de bandolera

la cartera

el bolso de mano

el albornoz

la maleta

la mochila

la bufanda

la pinza
para el pelo

el perfume

el reloj

las toallas

los elásticos
para el pelo

el fular

la pulsera

el collar

los pendientes

los anillos

PHOTO

Pour commencer

appareil jetable	cámara de usar y tirar *camara dé oussar i tirar*
appareil numérique	cámara digital *camara dixital*
appareil photo	cámara de fotos *camara dé fotoss*
brillant	brillante *brillannté*
couleur	color *color*
diapositive	diapositiva *diapossitiba*
exemplaire	copia *copia*
faire développer des photos	revelar fotos *rébélar fotoss*
mat	mate *maté*
noir et blanc	blanco y negro *blannco i négro*
pellicule	carrete *carrété*
pose	foto *foto*
prendre une photo/ des photos	sacar una foto/fotos *sacar ouna foto/fotoss*

S'exprimer

est-ce que vous pourriez nous prendre une photo ?
¿podría sacarnos una foto?
podriya sacarnoss ouna foto?

il suffit d'appuyer sur ce bouton
solo tiene que apretar este botón
solo tiéné ké aprétar èsté botonn

je voudrais une pellicule couleur 200 ASA
quiero un carrete en color doscientos ASA
kiéro ounn carrété ènn color dosthiènntoss assa

ça coûte combien pour développer une pellicule de 36 poses?
¿cuánto cuesta revelar un carrete de treinta y seis fotos?
couannto couèsta rébélar ounn carrété dé tréïnta-i-séïss fotoss ?

je voudrais faire développer cette pellicule
quiero revelar este carrete
kiéro rébélar èsté carrété

je voudrais faire des doubles de certaines photos
quiero hacer una copia de algunas fotos
kiéro athèr ouna copia dé algounass fotoss

je viens chercher mes photos
vengo a recoger unas fotos
bènngo a récoxèr ounass fotoss

j'ai un problème avec mon appareil photo
tengo un problema con mi cámara
tènngo ounn probléma conn mi camara

je ne sais pas ce que c'est
no sé lo que le pasa
no sé lo ké lé passa

le flash ne marche pas
el flash no funciona
èl flach no founnthiona

Comprendre

formato estándar format standard
revelado en una hora développement en une heure

quizá sea la pila, que se ha agotado
c'est peut-être la pile qui est morte

si quiere hacer copias, están a mitad de precio
si ça vous intéresse, les doubles sont à moitié prix

¿para cuándo las quiere?
vous les voulez pour quand ?

podemos revelárselas en una hora
on peut vous les développer en une heure

las fotos estarán listas el jueves a mediodía
vos photos seront prêtes à partir de jeudi midi

¿a qué nombre es?
c'est à quel nom ?

LA BANQUE

Les banques espagnoles ouvrent pour la plupart de 8h à 14h du lundi au vendredi. Avec votre carte de crédit internationale, vous pouvez retirer de l'argent depuis l'un des nombreux distributeurs (**cajeros**) et payer dans la majorité des commerces, hôtels et restaurants. On vous demandera de composer votre code confidentiel mais parfois on vous demandera de présenter aussi une pièce d'identité et de signer.

Pour commencer

banque	banco *b**a**nnco*
billet *(de banque)*	billete *bill**é**té*
carte de crédit	tarjeta de crédito *tarx**é**ta de cr**é**dito*
carte Visa®	tarjeta Visa® *tarx**é**ta b**i**ssa*
code confidentiel	número personal *n**ou**méro pèrson**a**l*
commission	comisión *comissi**o**nn*
compte (bancaire)	cuenta (bancaria) *cou**è**nnta (bannc**a**ria)*
distributeur (automatique)	cajero (automático) *cax**é**ro (aoutom**a**tico)*
guichet	ventanilla *bènntan**i**lla*
pièce *(de monnaie)*	moneda *mon**é**da*
retirer de l'argent	sacar dinero *sac**a**r din**é**ro*
retrait	reintegro *réïnnt**é**gro*
traveller's cheques	cheques de viaje *tch**é**kèss dé bi**a**xé*
virement	transferencia *trannsfér**è**nnthia*

LA BANQUE

S'exprimer

les banques sont-elles ouvertes le samedi ?
¿los bancos abren los sábados?
*loss b**a**nncoss **a**brènn loss s**a**badoss?*

je cherche un distributeur automatique
estoy buscando un cajero automático
*est**o**ï bousk**a**nndo ounn cax**é**ro aoutom**a**tico*

je voudrais faire un virement
quiero hacer una transferencia
*ki**é**ro ath**è**r **ou**na trannsfér**è**nnthia*

ça va prendre combien de temps ?
¿cuánto tiempo tardará?
*cou**a**nnto ti**è**mmpo tardar**a**?*

j'attends un mandat
estoy esperando un giro
*est**o**ï èspér**a**nndo ounn x**i**ro*

je voudrais signaler la perte de mes cartes de crédit
quiero comunicar la pérdida de mis tarjetas de crédito
*ki**é**ro comounic**a**r la p**è**rdida dé miss tarx**é**tass dé cr**é**dito*

le distributeur de billets a avalé ma carte
el cajero se me ha tragado la tarjeta
*èl cax**é**ro sé me a trag**a**do la tarx**é**ta*

Comprendre

introduzca la tarjeta
insérez votre carte

teclee su número personal
tapez votre code confidentiel

elija el importe
choississez le montant souhaité

reintegro con justificante
retrait avec reçu

cajero (temporalmente) fuera de servicio
appareil (momentanément) hors service

LA POSTE

ⓘ Les boîtes aux lettres espagnoles sont jaunes. Vous trouverez des timbres dans les bureaux de poste (**correos**), qui sont généralement ouverts de 8h à 14h du lundi au vendredi, ou dans les bureaux de tabac (**estancos**), qui ferment comme la majorité des commerces à l'heure (espagnole…) du déjeuner. Le tarif dépend de la destination, donc le plus simple est de demander un timbre (**sello**) pour la destination de votre choix.

Pour commencer

carte postale	postal *tarx**é**ta posta**l***
code postal	código postal *c**o**digo posta**l***
colis	paquete *pak**é**té*
courrier	correo *corr**é**o*
écrire	escribir *èscribi**r***
enveloppe	sobre *s**o**bré*
envoyer	enviar *èmmbi**a**r*
lettre	carta *c**a**rta*
par avion	por avión *por abi**o**nn*
poste	correos *corr**é**oss*
recevoir	recibir *réthibi**r***
timbre	sello *s**é**ïllo*

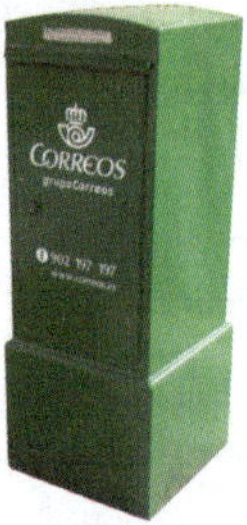

S'exprimer

où est-ce que je peux trouver un bureau de poste ?
¿dónde hay una oficina de correos?
*d**o**nndé **aï** **ou**na ofith**i**na dé corr**é**oss?*

y a-t-il une boîte aux lettres par ici ?
¿hay algún buzón por aquí?
***aï** alg**ou**nn bouth**o**nn por ak**i**?*

est-ce que la poste est ouverte le samedi ?
¿correos está abierto los sábados?
*corr**é**oss èst**a** abi**è**rto loss s**a**badoss?*

à quelle heure ferme la poste ?
¿a qué hora cierra correos?
*a ké **o**ra thi**é**rra corr**é**oss?*

je voudrais 5 timbres pour la France
quiero cinco sellos para Francia
*ki**é**ro th**i**nnko s**é**ïlloss p**a**ra fr**a**nnthia*

combien coûte un timbre pour la Suisse ?
¿cuánto cuesta un sello para Suiza?
*cou**a**nnto cou**è**sta ounn s**é**ïllo p**a**ra sou**ï**tha?*

je voudrais envoyer ce colis à Lyon par avion
quiero enviar este paquete a Lyon por avión
*ki**é**ro èmmbi**ar** **è**sté pak**é**té a li**o**nn por abi**o**nn*

combien de temps ça met pour arriver ?
¿cuánto tiempo tarda en llegar?
*cou**a**nnto ti**è**mmpo t**a**rda ènn llég**a**r?*

où est-ce que je peux acheter des enveloppes ?
¿dónde puedo comprar sobres?
*d**o**nndé pou**é**do commpr**a**r s**o**brèss?*

y a-t-il du courrier pour moi ?
¿hay correo para mí?
***aï** corr**é**o p**a**ra mi?*

si je reçois du courrier, est-ce que vous pourriez me le faire suivre en France ?
si recibo correo ¿puede remitírmelo a Francia?
*si réth**i**bo corr**é**o, pou**é**dé rémit**i**rmélo a fr**a**nnthia?*

Déchiffrer les adresses

Quelques abréviations courantes sont **c/** pour calle, **pl.** pour plaza, **avda** pour avenida, **p°** pour paseo, **ctra** pour carretera et **s/n** pour sin número (quand l'adresse ne comporte pas de numéro de rue).

En Espagne, le numéro de la rue s'écrit et se lit après le nom de la rue. Par exemple, le "23 rue Antonio Machado" s'écrit calle Antonio Machado n° 23 ou, en version abrégée, c/ Antonio Machado n° 23. L'étage et la porte sont également souvent mentionnés dans les adresses. Ainsi, **4°** fait référence à l'étage (**cuarto piso**), et **2ª** à la porte (**segunda puerta**). Mais attention, dans beaucoup d'immeubles, la numérotation des étages est décalée car il existe un **sótano** (sous-sol), une **planta baja** (rez-de-chaussée) et un **entresuelo** (premier étage, abrégé en **entlo**). Ainsi le **primer piso** se trouve en fait au deuxième étage… Pour donner un exemple d'une adresse complète, on pourra trouver : c/ Antonio Machado n° 23 4° 2ª, 22000 Huesca.

Comprendre

destinatario destinataire
frágil fragile
recogida: mañanas première levée
recogida: tardes dernière levée
remitente expéditeur

tarda entre dos y cinco días
ça met entre 2 et 5 jours

INTERNET

ℹ De plus en plus de cafés Internet ouvrent dans toute l'Espagne et il est devenu courant de s'échanger les adresses électroniques. Notez que les Espagnols utilisent le clavier "international" (QWERTY), qui diffère du clavier français (AZERTY).

L'arobase se dit **arroba** (*arr**o**ba*), le point **punto** (*p**ou**nnto*) et le tiret **guión** (*gui**o**nn*). On précise **todo junto** quand une partie de l'adresse s'écrit en un seul mot. Par exemple, mariajimenez@wanadoo.es se lira maria jimenez (todo junto) arroba wanadoo punto es (*mar**i**aximé**n**èth t**o**do x**ou**nnto arr**o**ba gwanad**ou** p**ou**nnto èss*).

Pour commencer

adresse e-mail dirección de e-mail/de correo electrónico, *dirècthi**o**nn de im**é**ïl/dé corr**é**o élèctr**o**nico*
arobase arroba *arr**o**ba*
coller pegar *pég**a**r*
copier copiar *copi**a**r*
effacer borrar *borr**a**r*
e-mail e-mail *im**é**ïl*, correo electrónico *corr**é**o élèctr**o**nico*
envoyer enviar *èmmbi**a**r*
clavier teclado *técl**a**do*
mot de passe contraseña *conntrass**é**gna*
recevoir recibir *réthib**i**r*
sauvegarder guardar *gwrad**a**r*
télécharger descargar *dèscarg**a**r*
touche tecla *t**é**cla*

S'exprimer

y a-t-il un cybercafé ici ?
¿hay algún cibercafé por aquí?
***a**ï alg**ou**nn thibèrcaf**é** por ak**i**?*

INTERNET

je dois aller au cybercafé pour vérifier mon mail
tengo que ir al cibercafé para ver el correo
tènngo ké ir al thibèrcafé para bèr èl corréo

est-ce que vous avez une adresse e-mail ?
¿tiene dirección de e-mail/de correo electrónico?
tiéné dirèkthionn dé iméïl/dé corréo èlèctronico?

je voudrais un ticket pour …
quiero un ticket para …
kiéro ounn tikètt para ...

comment est-ce que je me connecte ?
¿cómo hago para conectarme?
como ago para connèctarmé?

est-ce que vous pouvez m'aider ? je ne sais pas comment ça marche
¿podría ayudarme? no sé cómo funciona
podriya ayoudarmé? no sé como founnthiona

je ne trouve pas l'arobase sur le clavier
no encuentro la arroba en el teclado
no ènncouèntro la arroba ènn èl téclado

ça ne marche pas
no funciona
no founnthiona

il y a un problème, c'est bloqué
hay un problema, se ha bloqueado
aï ounn probléma, sé a blokéado

Comprendre

bandeja de entrada boîte de réception
bandeja de salida boîte d'envoi

tiene que esperar veinte minutos aproximadamente
il y a environ 20 minutes d'attente

puede apuntarse en la lista
je peux vous inscrire sur la liste

LE BUREAU

la pantalla
los pósits
los sujetapapeles
la regla
el bolígrafo
la lámpara de despacho
el ratón
el teclado
los lápices
las gomas
el cuaderno
la calculadora
las tijeras
la grapadora
los rotuladores
el libro
el compás
el pegamento
el marcapáginas
el celo
la agenda
el reloj
los clasificadores
el móvil
los periódicos
las gafas

Metro
Banco de España

TÉLÉPHONE

Les cabines téléphoniques sont souvent à l'air libre, ce qui peut s'avérer éprouvant si l'on prend en compte le bruit des voitures, des mobylettes, des travaux, etc. Attention, si vous appelez d'une cabine : vous ne pouvez pas vous faire rappeler car elles n'ont pas de numéro. De plus en plus de cabines fonctionnent à cartes (**tarjetas telefónicas**) mais la plupart acceptent encore des pièces (**monedas**).

Les cartes de téléphone sont vendues dans certains bureaux de tabac (**estancos**) et dans les kiosques à journaux (**quioscos**). De plus en plus, on peut se procurer des cartes pré-payées (**tarjetas prepago**) qui ont l'avantage de pouvoir s'utiliser depuis n'importe quel téléphone (cabine, téléphone privé, etc.) Ces cartes proposent généralement des tarifs plus intéressants pour les appels vers l'étranger.

Les numéros de téléphone espagnols comprennent 9 chiffres. Le numéro des renseignements est le 1003.

Pour appeler la France, composez le 00 33 suivi du numéro à 9 chiffres (c'est-à-dire sans le 0 initial). L'indicatif de la Belgique est le 00 32, et celui de la Suisse le 00 41.

Pour appeler l'Espagne depuis l'étranger, composez le 00 34 suivi du numéro à 9 chiffres.

Pour commencer

allô *(personne qui appelle)* — hola *ola*, buenos días *bouénoss diyas*, buenas tardes *bouénass tardèss*

allô *(personne qui décroche)* — ¿dígame? *digamé?*

annuaire — guía telefónica *guiya téléfonica*

appel international/national/local — llamada internacional/nacional/metropolitana *llamada inntèrnathional/nathional/local*

appeler quelqu'un *(au téléphone)* — llamar a alguien *llamar a alguiènn*

cabine téléphonique	cabina telefónica *cab**i**na téléf**o**nica*
carte de téléphone	tarjeta telefónica *tarx**é**ta téléf**o**nica*
message	mensaje *mènns**a**xé*
numéro de téléphone	número de teléfono *n**ou**méro dé tél**é**fono*
Pages jaunes®	Páginas Amarillas® *p**a**xinass amar**i**llass*
portable	móvil *m**o**bil*
renseignements	información *innformathi**o**nn*
répondeur	contestador *conntèstad**o**r*
téléphone	teléfono *tél**é**fono*
téléphoner	llamar por teléfono *llam**a**r por tél**é**fono*

S'exprimer

où est-ce que je peux acheter une carte de téléphone ?
¿dónde puedo comprar una tarjeta telefónica?
*d**o**nndé pou**é**do commpr**a**r **ou**na tarx**é**ta téléf**o**nica?*

une carte de téléphone de … euros, s'il vous plaît
una tarjeta telefónica de … euros, por favor
***ou**na tarx**é**ta téléf**o**nica dé … **é**ouross, por fab**o**r*

est-ce qu'il y a une cabine téléphonique près d'ici ?
¿hay una cabina telefónica cerca de aquí?
***a**ï **ou**na cab**i**na téléf**o**nica th**è**rca dé ak**i**?*

pourriez-vous me faire la monnaie de... ? c'est pour téléphoner
¿podría darme cambio de …? es para llamar
*podr**i**ya d**a**rmé c**a**mmbio dé ...? èss p**a**ra llam**a**r*

je voudrais appeler en PCV
quisiera llamar a cobro revertido
*kissi**é**ra llam**a**r a c**o**bro rébèrt**i**do*

est-ce que vous pouvez répéter plus lentement ?
¿me lo puede repetir más despacio?
*mé lo pou**é**dé répét**i**r mass dèsp**a**thio?*

est-ce que vous pouvez parler plus fort ?
¿puede hablar más alto?
*pou**é**dé abl**a**r mass **a**lto?*

est-ce que vous parlez français ?
¿habla usted francés?
***a**bla oust**é**d frannth**è**ss?*

est-ce qu'il y a une prise pour que je recharge mon portable ?
¿hay algún enchufe para cargar la batería del móvil?
aï algounn ènntchoufé para cargar la batériya dèl mobil?

tu as un numéro de portable ?
¿tienes número de móvil?
tiénèss nouméro dé mobil?

tu as eu mon message ?
¿has recibido mi mensaje?
ass réthibido mi mènnsaxé?

où est-ce que je peux vous joindre pendant la journée ?
¿dónde puedo localizarle por la mañana/por la tarde?
donndé pouédo localitharlé por la magnana/por la tardé?

Comprendre

acepta monedas de ...
accepte les pièces de ...

el número al que ha llamado no corresponde a ningún cliente
le numéro que vous avez demandé n'est pas attribué

pulse la tecla almohadilla/asterisco
appuyez sur la touche dièse/étoile

Formules usuelles

S'exprimer

allô, bonjour, je voudrais parler à M. ..., de la part de ...
hola, buenos días/buenas tardes, quisiera hablar con el señor ..., de parte de ...
ola, bouénoss diyass/bouénass tardèss, kissiéra ablar conn èl ségnor ..., dé parté dé ...

allô, c'est Pierre, est-ce que je suis bien chez ... ?
hola, soy Pierre ¿estoy llamando a casa de ...?
ola, soï pierre, èstoï llamanndo a cassa dé ...?

c'est de la part de qui ?
¿de parte de quién?
dé parté dé kiènn?

un instant, s'il vous plaît
un momento, por favor
*ounn mom**è**nnto, por fab**o**r*

ne quittez pas
no cuelgue
*no cou**è**lgué*

je vous le passe
se lo paso
*sé lo p**a**sso*

il est sorti
ha salido
*a sal**i**do*

il sera de retour dans une demi-heure
volverá en media hora
*bolbér**a** ènn m**é**dia **o**ra*

pouvez-vous lui dire que j'ai appelé ?
¿puede decirle que lo he llamado?
*pou**é**dé déth**i**rlé ké lo é llam**a**do?*

vous avez de quoi écrire ?
¿tiene bolígrafo a mano?
*ti**é**né bol**i**grafo a m**a**no?*

mon nom est … et mon numéro le …
soy … y mi teléfono es el …
*s**o**ï … i mi tél**é**fono èss èl …*

est-ce que vous pouvez lui demander de me rappeler ?
¿puede decirle que me llame?
*pou**é**dé déth**i**rlé ké mé ll**a**mé?*

est-ce que vous savez quand je peux le joindre ?
¿sabe cuándo puedo hablar con él?
*s**a**bé cou**a**nndo pou**é**do abl**a**r conn èl?*

il peut me joindre au …
puede llamarme al …
*pou**é**dé llarm**a**rmé al …*

je vous remercie, au revoir
muchas gracias, adiós
*m**ou**tchass gr**a**thiass, adi**o**ss*

je rappellerai (plus tard)
volveré a llamar (más tarde)
*bolbér**é** a llam**a**r (mass t**a**rdé)*

on s'appelle bientôt ?
¿nos llamamos pronto?
*noss llam**a**moss pr**o**nnto?*

on se rappelle, ok ?
volvemos a hablar, ¿vale?
*bolb**é**moss a abl**a**r, b**a**lé?*

Comprendre

¿con quién estoy hablando?
qui est à l'appareil ?

¿de parte de quién (es)?
c'est de la part de qui ?

un momento, se lo paso
qun instant, je vous le passe

no está, ¿quiere dejarle algún recado?
il n'est pas là, est-ce que vous voulez laisser un message ?

le diré que ha llamado
je lui dirai que vous avez appelé

por favor, deje su mensaje después de la señal
veuillez laisser un message après le bip

Problèmes

S'exprimer

je ne connais pas l'indicatif
no sé el prefijo
*no sé èl préf**i**xo*

ça ne répond pas
no contesta
*no conntè**s**ta*

ça sonne occupé
está comunicando
*èst**a** comounic**a**nndo*

je n'ai pas réussi à le joindre
no he podido hablar con él
*no é pod**i**do abl**a**r conn èl*

il ne me reste plus beaucoup d'unités sur ma carte
se me está acabando la tarjeta
*sé mé èst**a** acab**a**nndo la tarx**é**ta*

attends, ça va couper, il faut que je rajoute de la monnaie
espera, se va a cortar, tengo que echar más monedas
*esp**é**ra, sé ba a cort**a**r, t**è**nngo ké étch**a**r mass mon**é**dass*

il y a une très mauvaise réception
se oye muy mal
*sé **o**yé m**ou**ï mal*

il n'y a pas de réception ici
no hay cobertura aquí
*no **a**ï cobèrt**ou**ra ak**i***

vous savez où je peux trouver une recharge pour mon téléphone portable ?
¿sabe dónde puedo cargar el teléfono móvil?
*s**a**bé d**o**nndé pou**é**do carg**a**r èl tél**é**fono m**o**bil?*

est-ce que je peux brancher mon portable ici pour le recharger ?
¿puedo enchufar aquí el móvil para cargarlo?
*pou**é**do èenntchouf**a**r ak**i** èl m**o**bil p**a**ra carg**a**rlo?*

Comprendre

le oigo muy mal
je vous entends très mal

se ha cortado
on a été coupés

creo que se ha equivocado de número
vous avez dû vous tromper de numéro

Quelques expressions familières

dar un telefonazo passer un coup de fil
¡en cinco minutos, me ha dejado la tarjeta temblando!
en 5 minutes, ça m'a bouffé toute ma carte !

SANTÉ

Si vous êtes ressortissant de la Communauté européenne, procurez-vous avant de partir la carte européenne d'assurance maladie (CEAM) auprès de votre centre de Sécurité sociale. Cette carte facilitera la prise en charge de vos éventuelles dépenses de santé lors de votre séjour en Espagne. Elle vous permettra d'être remboursé, à votre retour en France et sur présentation d'un reçu, pour des soins délivrés par le service public de santé espagnol.

Vous pouvez vous adresser à un centre médical (**ambulatorio**), ou, en cas d'urgence, soit vous rendre directement aux **urgencias** (service des urgences des hôpitaux), soit appeler au 091.

Comme en France, seules les pharmacies (**farmacias**) sont habilitées à vendre des médicaments délivrés sur ordonnance. Elles sont généralement ouvertes de 9h à 13h30 et de 16h à 20h et affichent à l'entrée l'adresse de la pharmacie de garde (**farmacia de guardia**) la plus proche.

Pour commencer

alcool à 90°	alcohol de 90 (grados) *alc**o**l dé nob**è**nnta (gr**a**doss)*
allergie	alergia *al**è**rxia*
ambulance	ambulancia *ammboul**a**nnthia*
aspirine	aspirina *aspir**i**na*
avoir ses règles	tener la regla *tén**è**r la r**é**gla*
bouton	grano *gr**a**no*
cassé	roto *r**o**to*
comprimé	comprimido *commprim**i**do*
dentiste	dentista *dènnt**i**sta*
désinfecter	desinfectar *déssinnfèct**a**r*
fièvre	fiebre *fi**é**bré*
généraliste	médico de familia *m**é**dico dé fam**i**lia*
gynécologue	ginecólogo *xinéc**o**logo*
hôpital	hospital *ospit**a**l*
intoxication alimentaire	intoxicación alimentaria *intocsicathi**o**nn*

SANTÉ

	alimènntaria
médecin	médico *médico*
médicament	medicamento *médicamènnto*
pansement	tirita *tirita*
pharmacie	farmacia *farmathia*
pommade	pomada *pomada*
radio *(rayons X)*	radio *radio*
urgences	urgencias *ourrènnthiass*
vaccin	vacuna *bacouna*
vomir	vomitar *bomitar*

S'exprimer

est-ce que quelqu'un aurait une aspirine par hasard ?
¿tiene alguien una aspirina por casualidad?
tiéné alguiènn ouna aspirina por cassoualidad?

j'ai besoin d'aller voir un docteur
tengo que ir al médico
tènngo ké ir al médico

où est-ce que je peux trouver un médecin à cette heure-là ?
¿dónde puedo encontrar a un médico a estas horas?
donndé pouédo ènnconntrar a ounn médico a èstass orass?

je voudrais prendre un rendez-vous pour aujourd'hui
quisiera pedir hora para hoy
kissiéra pédir ora para oï

le plus tôt possible
lo antes posible
lo anntèss possiblé

non, ce n'est pas grave
no, no es grave
no, no èss grabé

pouvez-vous faire venir une ambulance au ... ?
¿podría mandar una ambulancia a ...?
podriya manndar ouna ammboulannthia a ...?

je voudrais une solution de rinçage pour lentilles souples
quiero un líquido limpiador para lentillas blandas
kiéro ounn likido limpiador para lènntillass blanndass

j'ai cassé mes lunettes
se me han roto las gafas
sé mé ann roto lass gafass

Comprendre

consulta médica cabinet médical
receta ordonnance
urgencias urgences

hasta el jueves no puedo darle hora
il n'y a rien de libre avant jeudi

el viernes a las dos, ¿le va bien?
vendredi à 14h, ça vous convient ?

Chez le médecin

S'exprimer

j'ai rendez-vous avec le docteur ...
tengo hora con el doctor ...
*tè**nn**go **o**ra conn èl doct**o**r ...*

je ne me sens pas bien
no me encuentro bien
*no mé ènncou**è**nntro bi**è**nn*

je me sens très faible
me siento muy débil
*mé si**è**nnto m**ou**ï d**é**bil*

je ne sais pas ce que c'est
no sé qué me pasa
*no sé ké mé p**a**ssa*

j'ai été piqué/mordu par ...
me ha picado/mordido ...
*mé a pic**a**do/mord**i**do ...*

ça fait mal
me duele
*mé dou**é**lé*

j'ai mal ici
me duele aquí
*mé dou**é**lé ak**i***

j'ai mal au cœur
me mareo
*mé mar**é**o*

j'ai mal à la tête/au ventre/au dos/à la gorge
me duele la cabeza/el vientre/la espalda/la garganta
*mé dou**é**lé la cab**é**tha/èl bi**è**nntré/la èsp**a**lda/la garg**a**nnta*

ça s'est aggravé
ahora está peor
*a**o**ra est**a** pé**o**r*

ça fait 3 jours
hace tres días
***a**thé trèss d**i**yass*

ça a commencé la nuit dernière
empezó ayer por la noche
*èmmpéth**o** ay**è**r por la n**o**tché*

c'est la première fois que ça m'arrive
es la primera vez que me pasa esto
*èss la primé**ra** bèth ké mé p**a**ssa **è**sto*

j'ai de la fièvre
tengo fiebre
*tènngo fi**é**bré*

ça me démange
me pica
*mé p**i**ca*

je fais de l'asthme
soy asmático
*s**o**ï asm**a**tico*

je suis cardiaque
estoy enfermo del corazón
*est**o**ï ènnf**è**rmo dèl corath**o**nn*

je suis sous antibiotiques depuis une semaine et ça ne va pas mieux
llevo una semana tomando antibióticos y no estoy mejor
*ll**é**bo **ou**na sém**a**na tom**a**nndo anntibi**o**ticoss i no est**o**ï méx**o**r*

j'ai besoin de la pilule du lendemain
necesito la píldora del día siguiente
*néthéss**i**to la p**i**ldora dèl d**i**ya siguiènnté*

je prends la pilule
estoy tomando la píldora
*est**o**ï tom**a**nndo la p**i**ldora*

je suis enceinte de… mois
estoy embarazada de… meses
*est**o**ï emmbarath**a**da dé ... m**é**ssès*

je me suis tordu la cheville
me he torcido el tobillo
*mé é torth**i**do èl tob**i**llo*

je suis tombé sur le dos
me he caído de espaldas
*mé é caï**do** dé èsp**a**ldass*

j'ai eu une syncope
me ha dado un síncope
*mé a d**a**do ounn s**i**nncopé*

j'ai perdu un plombage
se me ha caído un empaste
*sé mé a caïdo ounn èmmp**a**sté*

c'est grave ?
¿es grave?
*èss gr**a**bé?*

c'est contagieux ?
¿es contagioso?
*èss conntaxi**o**so?*

comment va-t-il ?
¿cómo se encuentra?
*c**o**mo sé ènncou**è**nntra?*

combien je vous dois ?
¿cuánto le debo?
*cou**a**nnto lé d**é**bo?*

est-ce que je peux avoir un reçu pour me faire rembourser ?
¿me puede dar una factura para que me paguen?
*mé pou**é**dé dar **ou**na fact**ou**ra p**a**ra ké mé p**a**guènn?*

Comprendre

por favor, pase a la sala de espera
si vous voulez bien patienter dans la salle d'attente …

¿dónde le duele?
où est-ce que ça vous fait mal ?

respire hondo
respirez bien fort

túmbese, por favor
allongez-vous, s'il vous plaît

¿le duele cuando aprieto aquí?
ça vous fait mal quand j'appuie là ?

¿está vacunado contra …?
êtes-vous vacciné contre …?

¿es alérgico a …?
êtes-vous allergique à …?

¿sigue algún tratamiento actualmente?
avez-vous des traitements en cours ?

si le duele, tome una cápsula
prenez une gélule en cas de douleur

lo normal es que se le pase en unos días
ça devrait passer en quelques jours

habrá que operar
il va falloir opérer

vuelva a verme dentro de una semana
revenez me voir dans une semaine

À la pharmacie

S'exprimer

une boîte de pansements, s'il vous plaît
una caja de tiritas, por favor
__ou__na c__a__xa dé tir__i__tass, por fab__o__r

j'ai attrapé un rhume
me he resfriado
mé é resfri__a__do

je suis allergique à l'aspirine
soy alérgico a la aspirina
so__ï__ al__è__rxico a la aspir__i__na

j'aurais besoin de quelque chose contre la toux
necesito algo para la tos
néthéss__i__to __a__lgo p__a__ra la toss

je voudrais prendre de l'homéopathie
quisiera tomar homeopatía
*kissi**é**ra tom**a**r oméopati**y**a*

Comprendre

aplicar	appliquer
cápsula	gélule
comprimido	comprimé
con receta médica	uniquement sur ordonnance
contraindicaciones	contre-indications
en polvo	en poudre
jarabe	sirop
pomada	pommade
supositorios	suppositoires
tableta	cachet

tomar tres veces al día antes de las comidas
à prendre 3 fois par jour avant les repas

PROBLÈMES, URGENCES

ℹ Attention aux pick-pockets, surtout dans les sites touristiques.

Pour les Objets trouvés, demandez les **objetos perdidos**.

En cas d'urgence, composez le 112 (numéro européen d'urgence), qui vous orientera vers le service concerné. C'est à la **policía nacional**, dont les agents sont habillés en bleu marine, qu'il faut s'adresser en cas de perte ou de vol. Les agents de la **policía local**, également vêtus de bleu, s'occupent quant à eux des problèmes de circulation, des amendes et des problèmes de voisinage. Dans les campagnes, les agents de la **guardia civil**, en uniforme vert foncé, remplissent les mêmes fonctions que la police nationale et contrôlent en outre la circulation sur les routes.

Pour commencer

accident	accidente *acthid**è**nnté*
ambulance	ambulancia *ammboul**a**nnthia*
blessé	herido *ér**i**do*
cassé	roto ***r**o**to*
handicapé	discapacitado *discapathit**a**do*
incendie	incendio *innth**è**nndio*
malade	enfermo *ènnf**è**rmo*
médecin	médico *m**é**dico*
police	policía *polith**i**ya*
pompiers	bomberos *bommb**é**ross*
urgence	urgencia *ourx**è**nnthia*

S'exprimer

est-ce que vous pourriez m'aider ?
¿podría ayudarme?
*podr**i**ya ayoud**a**rmé?*

au secours !
¡socorro!
*soc**o**rro!*

attention !
¡cuidado!
*couïd**a**do!*

c'est urgent !
¡es urgente!
*èss ourx**è**nnté!*

je dois contacter le consulat
tengo que llamar al consulado
*tènngo ké llam**a**r al connsoul**a**do*

où est le commissariat le plus proche ?
¿dónde está la comisaría más cercana?
*d**o**nnd-dèst**a** la comissar**i**ya mass thèrc**a**na?*

que dois-je faire ?
¿qué debo hacer?
*ké d**é**bo ath**è**r?*

j'ai perdu …
he perdido …
*é pèrd**i**do …*

mon enfant a disparu
mi hijo/hija ha desaparecido
*mi **i**xo/**i**xa a déssaparéth**i**do*

j'ai été agressé
he sufrido una agresión
*é soufr**i**do **ou**na agréssi**o**nn*

on m'a volé mes papiers
me han robado la documentación
*mé ann rob**a**do la docoumènntathi**o**nn*

ma voiture a été emmenée à la fourrière
la grúa se me ha llevado el coche
*la gr**ou**a sé mé a llléb**a**do èl c**o**tché*

il y a un homme qui me suit depuis un moment
me sigue un hombre desde hace un rato
*mé s**i**gué ounn **o**mmbré d**è**sdé **a**thé ounn r**a**to*

on a forcé la porte de ma voiture
me han forzado la puerta del coche
*mé ann forth**a**do la pou**è**rta dèl c**o**tché*

y a-t-il un accès pour handicapés ?
¿hay acceso para personas discapacitadas?
***a**ï akth**é**sso p**a**ra pèrs**o**nass discapathit**a**dass?*

pouvez-vous surveiller mes affaires un instant ?
¿me podría cuidar las cosas un momento?
*mé podr**i**ya couïd**a**r lass c**o**sass ounn mom**è**nnto?*

il est en train de se noyer, il faut appeler un secouriste
está ahogándose, hay que llamar a un socorrista
*èst**a** aog**a**nndossé, **a**ï ké llam**a**r a ounn socorr**i**sta*

il est là-bas
está allí
*èst**a** all**i***

Comprendre

averiado	en panne
oficina de objetos perdidos	bureau des objets trouvés
perro peligroso	chien méchant
salida de emergencia	sortie de secours
salvamento de montaña	secours de montagne
servicio de grúa	service de dépannage

Police

S'exprimer

je dois faire une déclaration de vol
tengo que poner una denuncia por robo
*t**è**nngo ké pon**è**r **ou**na dén**ou**nnthia por r**o**bo*

j'ai besoin d'un certificat de police pour ma compagnie d'assurance
necesito un ejemplar de la denuncia para mi compañía de seguros
*néthéss**i**to ounn éxèmmpl**a**r dé la dén**ou**nnthia p**a**ra mi commpagn**i**ya dé ség**ou**ross*

Comprendre

Remplir un formulaire

apellidos	noms de famille
nombre	prénom
dirección	adresse
código postal	code postal
país	pays
nacionalidad	nationalité
fecha de nacimiento	date de naissance
lugar de nacimiento	lieu de naissance
edad	âge
sexo	sexe
duración de la estancia	durée du séjour
fecha de entrada/de salida	date d'arrivée/de départ
profesión	profession
número de pasaporte	numéro de passeport

¿qué le falta?
qu'est-ce qu'il vous manque ?

¿cuándo ha ocurrido?
quand cela s'est-il passé ?

¿dónde se aloja?
où logez-vous ?

¿puede describirlo?
pouvez-vous le décrire ?

¿puede rellenar este impreso, por favor?
pouvez-vous remplir ce formulaire, s'il vous plaît ?

firme aquí, por favor
pouvez-vous signer ici, s'il vous plaît ?

Quelques expressions familières

poli flic
chorizo voleur
chirona taule
pillar serrer
me han mangado la cartera on m'a piqué mon portefeuille

LA DATE, LE TEMPS

Pour commencer

à l'heure du déjeuner	a la hora de comer *a la **o**ra dé com**è**r*
année	año ***a**gno*
après *(préposition)*	después de *dèspou**è**ss dé*
avant *(préposition)*	antes de ***a**nntèss dé*
bientôt	pronto *pr**o**nnto*
dans la soirée	por la noche *por la n**o**tché*
de … à …	desde … hasta … *d**è**sdé ... **a**sta ...*
déjà	ya *ya*
depuis	desde *d**è**sdé*
dernier	último ***ou**ltimo*
de temps en temps	de vez en cuando *dé bèth ènn cou**a**nndo*
en avance	con antelación *conn anntélathi**o**nn*
en ce moment	en este momento *ènn **è**sté mom**è**nnto*
encore	todavía *todab**i**ya*
en début/milieu/fin de	a principios/mediados/finales de *a prinnth**i**pioss/médi**a**doss/fin**a**lèss dé*
en retard	tarde *t**a**rdé*
entre … et …	entre … y … ***è**nntré… i…*
jamais	nunca *n**ou**nnca*
jour	día *d**i**ya*
jusqu'à	hasta ***a**sta*
longtemps	mucho tiempo *m**ou**tcho ti**è**mmpo*
maintenant	ahora *a**o**ra*
matin	mañana *magn**a**na*
midi	mediodía *médiod**i**ya*
nuit	noche *n**o**tché*
pas encore	todavía no *todab**i**ya no*
pendant	durante *dour**a**nnté*
pour le moment	de momento *dé mom**è**nnto*
prochain	próximo *pr**o**csimo*
rarement	pocas veces *p**o**cass b**é**thèss*
récemment	hace poco ***a**thé p**o**co*
semaine	semana *sém**a**na*
soir	noche *n**o**tché*
souvent	a menudo *a mén**ou**do*

tard — tarde *t**a**rdé*
tôt — temprano *tèmmpr**a**no*
toujours — siempre *si**è**mmpré*
tout de suite — enseguida *ènnségu**i**da*
week-end — fin de semana *finn dé sém**a**na*

S'exprimer

à tout à l'heure !
¡hasta luego!
***a**sta lou**é**go!*

à lundi !
¡hasta el lunes!
***a**sta èl l**ou**nèss!*

désolé, je suis en retard
lo siento, llego tarde
*lo si**è**nto, ll**é**go t**a**rdé*

on est arrivés trop tard
hemos llegado demasiado tarde
***é**moss llég**a**do démassi**a**do t**a**rdé*

je n'ai pas encore été là-bas
todavía no he estado allí
*todab**i**ya no é èst**a**do all**i***

je n'ai pas eu le temps de ...
no he tenido tiempo de ...
*no é tén**i**do ti**è**mmpo dé ...*

j'ai tout mon temps
no tengo ninguna prisa
*no t**è**nngo ninng**ou**na pr**i**ssa*

je suis pressé
tengo prisa
*t**è**nngo pr**i**ssa*

dépêchez-vous
daos prisa
*d**a**oss pr**i**ssa*

un instant, s'il vous plaît
un momento, por favor
*ounn mom**è**nnto, por fab**o**r*

je me suis couché tard
me acosté tarde
*mé acost**é** t**a**rdé*

je me suis levé très tôt
me he levantado muy temprano
*mé é lébannt**a**do mouï tèmmpr**a**no*

j'ai attendu longtemps
he esperado mucho tiempo
*é espér**a**do m**ou**tcho ti**è**mmpo*

il ne nous reste plus que 4 jours
solo nos quedan cuatro días
*s**o**lo noss k**é**dann cou**a**tro d**i**yass*

je dois me réveiller très tôt demain pour prendre l'avion
mañana tengo que levantarme muy temprano para coger el avión
*magn**a**na t**è**nngo ké lébannt**a**rmé m**ou**ï tèmmpr**a**no p**a**ra cox**è**r èl abi**o**nn*

La date

Comment dire la date

Notez comment on indique la date en espagnol :

mardi 5 août 2013	martes 5 de agosto de 2013, ou en abrégé, martes 5/8/2013 (se lit martes cinco de agosto de dos mil trece)
le 2 janvier 2013	el dos de enero de dos mil trece
en juin 2013	en junio de dos mil trece
de 2013 à 2014	de dos mil trece al dos mil catorce
au XXIe siècle	en el siglo veintiuno
204 av. J.-C.	204 aC ou 204 a. de C. (se lit … antes de Cristo)
204 ap. J.-C.	204 dC ou 204 d. de C. (se lit … después de Cristo)

Pour commencer

après-demain	pasado mañana *passado magnana*
aujourd'hui	hoy *oï*
avant-hier	anteayer *anntéayèr*
dans deux jours	dentro de dos días *dènntro dé doss diyass*
demain	mañana *magnana*
demain matin/après-midi/soir	mañana por la mañana/tarde/noche *magnana por la magnana/tardé/notché*
hier	ayer *ayèr*
hier matin/après-midi/soir	ayer por la mañana/tarde/noche *ayèr por la magnana/tardé/notché*
il y a …	hace … *athé …*

S'exprimer

je suis né en …
nací en …
nathi ènn …

je suis déjà venu il y a plusieurs années
ya estuve aquí hace unos años
*ya èst**ou**bé ak**i** **a**thé **ou**noss **a**gnoss*

j'ai passé un mois en Espagne il y a quelques années
pasé un mes en España hace unos años
*p**a**ssé ounn mèss ènn èsp**a**gna **a**thé **ou**noss **a**gnoss*

j'étais venu l'année dernière à la même époque
vine el año pasado por estas fechas
*b**i**né èl **a**gno pass**a**do por **è**stass f**é**tchass*

on est le combien aujourd'hui ?
¿qué fecha es hoy?
*ké f**é**tcha èss **o**ï?*

on est quel jour aujourd'hui ?
¿a qué día estamos hoy?
*a ké d**i**ya èst**a**moss **o**ï?*

on est mardi 1er avril
es martes uno de abril
*èss m**a**rtèss **ou**no dé abr**i**l*

je reste jusqu'à dimanche
me quedo hasta el domingo
*mé k**é**do **a**sta èl dom**i**nngo*

on s'en va demain
nos vamos mañana
*noss b**é**moss magn**a**na*

j'ai déjà quelque chose de prévu mardi
el martes lo tengo ocupado
*èl m**a**rtèss lo t**è**nngo ocoup**a**do*

Comprendre

abierto los domingos por la mañana — ouvert le dimanche matin
todos los días/lunes — tous les jours/lundis
tres veces al día/ por hora — trois fois par jour/par heure
una/dos veces — une/deux fois

se construyó a mediados del siglo diecinueve
ça a été construit au milieu du dix-neuvième siècle

sale cada dos semanas
ça sort une fois toutes les deux semaines

hay muchos festivales en verano
il y a beaucoup de festivals pendant l'été

¿hasta cuándo se queda?
vous restez jusqu'à quand ?

¿cuándo se marcha?
quand est-ce que vous repartez ?

LA DATE, LE TEMPS

L'heure

Comment dire l'heure

En espagnol, on emploie le pluriel pour dire l'heure sauf pour "1h". Ainsi, "il est 2h" se dira son las dos, et "il est 1h" es la una.

On n'utilise que les nombres de 1 à 12 (on ne dira pas son las catorce pour dire qu'il est quatorze heures). Si l'on veut préciser s'il s'agit de deux heures du matin ou de l'après-midi, on ajoute respectivement de la mañana (du matin) et de la tarde (de l'après-midi) ou de la noche (du soir). De la mañana s'emploie jusqu'à midi, de la tarde toute l'après-midi, et de la noche à partir de 7h ou 8h du soir.

Pour commencer

à l'heure puntual *pounntou**a**l*
de l'après-midi de la tarde *dé la t**a**rdé*
du matin de la mañana *dé la magn**a**na*
être en avance llegar antes de tiempo *llég**a**r **a**nntèss dé ti**è**mmpo*
être en retard llegar tarde *llég**a**r t**a**rdé*
midi las doce (del mediodía) *lass d**o**thé (dèl médiod**i**ya)*
minuit las doce (de la noche) *lass d**o**thé (dé la n**o**tché)*
trois quarts d'heure tres cuartos de hora *trèss cou**a**rtoss dé **o**ra*
un quart d'heure un cuarto de hora *ounn cou**a**rto dé **o**ra*
une demi-heure media hora *m**é**dia **o**ra*
vingt minutes veinte minutos *b**é**ïnnté min**ou**toss*

S'exprimer

quelle heure est-il ?
¿qué hora es?
*ké **o**ra èss?*

excusez-moi, est-ce que vous auriez l'heure, s'il vous plaît ?
perdone, ¿tiene hora, por favor?
*pèrd**o**né, ti**é**né **o**ra, por fab**o**r?*

il est trois heures pile
son las tres en punto
*sonn lass trèss ènn p**ou**nnto*

il est presque treize heures
es casi las una
*èss c**a**ssi la **ou**na*

il est une heure dix
es la una y diez
*èss la **ou**na i di**è**th*

il est une heure et quart
es la una y cuarto
*èss la **ou**na i cou**a**rto*

il est une heure moins le quart
es la una menos cuarto
*èss la **ou**na m**é**noss cou**a**rto*

il est midi vingt
son las doce y veinte
*sonn lass d**o**thé i b**é**ïnnté*

il est une heure et demie
es la una y media
*èss la **ou**na i m**é**dia*

il est midi moins vingt
son las doce menos veinte
*sonn lass d**o**thé m**é**noss b**é**ïnnté*

je suis arrivé vers deux heures
he llegado sobre las dos
*é llég**a**do sobr**é** lass doss*

je me suis couché vers deux heures
me acosté sobre las dos
*mé acost**é** s**o**bré lass doss*

j'ai mis le réveil à neuf heures
he puesto el despertador a las nueve
*é pou**è**sto èl dèspertad**or** a lass nou**é**bé*

j'ai attendu vingt minutes
he estado veinte minutos esperando
*é èst**a**do b**é**ïnté min**ou**toss èspér**a**nndo*

le train a eu quinze minutes de retard
el tren ha llegado con quince minutos de retraso
*èl trènn a llég**a**do conn k**i**nnthé min**ou**toss dé rétr**a**sso*

je suis rentré il y a une heure
he vuelto hace una hora
*é bou**è**lto **a**thé **ou**na **o**ra*

on se retrouve dans une demi-heure ?
¿nos vemos dentro de media hora?
*noss b**é**moss d**è**nntro dé m**é**dia **o**ra?*

je serai de retour d'ici un quart d'heure
estaré de vuelta de aquí a un cuarto de hora
*estar**é** dé bou**è**lta dé ak**i** a ounn cou**a**rto dé **o**ra*

Comprendre

abierto de 10:00 a 14:00 ouvert de 10h à 14h
salidas cada hora départ toutes les heures

hay función todos los días a las nueve
ça joue tous les jours à 21h

dura una hora y media aproximadamente
ça dure environ une heure et demie

abre a partir de las diez
ça ouvre à partir de 10h

por la tarde abre a las cuatro
ça rouvre à 4h

Quelques expressions familières

a las dos en punto à 2h pile
a las ocho y pico à 8h et des poussières
llegar por los pelos arriver de justesse
esperar siglos attendre des plombes

LES NOMBRES

0	cero *th**é**ro*
1	uno(a) ***ou**no(a)*
2	dos *doss*
3	tres *très*
4	cuatro *cou**a**tro*
5	cinco *th**i**nnco*
6	seis *s**é**ïss*
7	siete *si**é**té*
8	ocho ***o**tcho*
9	nueve *nou**é**bé*
10	diez *di**è**th*
11	once ***o**nnthé*
12	doce *d**o**thé*
13	trece *tr**é**thé*
14	catorce *cat**o**rthé*
15	quince *k**i**nnthé*
16	dieciséis *diéthiss**é**ïss*
17	diecisiete *diéthissi**é**té*
18	dieciocho *diéthi**o**tcho*
19	diecinueve *diéthinou**é**bé*
20	veinte *b**é**ïnnté*
21	veintiuno(a) *béïnnti**ou**no(a)*
22	veintidós *béïnntid**o**ss*
30	treinta *tr**é**ïnnta*
35	treinta y cinco *tr**é**ïnta-i-th**i**nnco*
40	cuarenta *couar**è**nnta*
50	cincuenta *thinncou**è**nnta*
60	sesenta *séss**è**nnta*
70	setenta *sét**è**nnta*
80	ochenta *otch**è**nnta*
90	noventa *nob**è**nnta*
100	cien *thi**è**nn*
101	ciento uno(a) *thi**è**nnto **ou**no(a)*
200	doscientos(as) *dosthi**è**nntoss(ass)*
500	quinientos(as) *kini**è**nntoss(ass)*
1 000	mil *mil*
2 000	dos mil *doss mil*

10 000	diez mil *dièth mil*
1 000 000	un millón *ounn mill**o**nn*
premier	primero *prim**é**ro*
deuxième	segundo *ség**ou**ndo*
troisième	tercero *tèrth**é**ro*
quatrième	cuarto *cou**a**rto*
cinquième	quinto *k**i**nnto*
sixième	sexto *s**è**csto*
septième	séptimo *s**è**ptimo*
huitième	octavo *oct**a**bo*
neuvième	noveno *nob**é**no*
dixième	décimo *d**é**thimo*
vingtième	vigésimo *bix**é**ssimo*
vingt et unième	vigésimo primero(a) *bixéssimo(a) prim**é**ro(a)*

20 plus 3 égale 23
vìente más tres es igual a veintitres
*b**é**ïnnté mass trèss èss igw**a**l a béïnntitr**è**ss*

20 moins 3 égale 17
viente menos tres es igual a diecisiete
*b**é**ïnnté m**é**noss trèss èss igw**a**l a diéthissi**é**té*

20 multiplié par 4 égale 80
viente por cuatro es igual a ochenta
*b**é**ïnnté por cou**a**tro èss igw**a**l a otch**è**nnta*

20 divisé par 4 égale 5
viente entre cuatro es igual a cinco
*b**é**ïnnté **è**nntré cou**a**tro èss igw**a**l a th**i**nnco*

Dictionnaire français-espagnol

A

à: à Paris en París; **à la gare** en la estación; **à 2 km** a dos kilómetros; **je vais à Paris/à la gare** voy a París/a la estación; **à 3h** a las tres
abbaye abadía *f*
abeille abeja *f*
abîmé estropeado
abord: d'abord primero
abordable asequible
abricot albaricoque *m*
accélérateur acelerador *m*
accent acento *m*
accepter aceptar; *(carte de crédit, pièces)* admitir **53**, **109**
accès acceso *m* **142**
accident accidente *m* **47**
accompagner acompañar; *(en voiture)* llevar
accord: d'accord de acuerdo; **je suis d'accord** estoy de acuerdo **37**
accueil recepción *f*
accueillant acogedor
accusé de réception acuse *m* de recibo
acheter comprar **107**, **110**, **123**, **130**
adaptateur adaptador *m*
addition *(note)* cuenta *f* **69**
adolescent *(adj & n)* adolescente
adorer encantar; **j'adore ...** me encanta ...
adresse dirección *f*
adresse e-mail dirección *f* de e-mail
adulte adulto *m*, adulta *f*
aéroport aeropuerto *m*
affaires *(commerce)* negocios *m*; *(personnelles)* objetos *m* personales **142**; **pour affaires** por asuntos de negocios
affiche cartel *m*
affreux horrible
âge edad *f*; **quel âge as-tu ?** ¿cuántos años tienes? **34**
agence de voyages agencia *f* de viajes
aggraver (s') estar peor **137**
agneau cordero *m*
agréable agradable
agressé: être agressé sufrir una agresión **142**
aide ayuda *f*
aider ayudar **126**, **141**
ail ajo *m*
ailleurs en otra parte; **d'ailleurs** *(de plus)* además; *(au fait)* por cierto
aimer *(apprécier)* gustar **37**, **87**; *(d'amour)* querer; **j'aimerais** me gustaría **37**, **86**
air aire *m*; **en plein air** al aire libre **87**, **102**; **avoir l'air** parecer **86**
alcool alcohol *m* 5; **alcool à 90°** alcohol de 90º
algues algas *f*
Allemagne Alemania *f*
Allemand(e) alemán *m*, alemana *f*
allemand alemán
aller *(n)* ida *f*
aller *(v)* ir **31**; **comment allez-vous ?** ¿qué tal está? **27**; **je vais bien** estoy bien; **ça va ?** ¿qué tal? **27**; **ça va** bien; **ça vous va bien** le queda bien
aller (s'en) irse
allergique alérgico **139**, **140**
aller-retour billete *m* de ida y vuelta

allô *(personne qui décroche)* ¿dígame?; *(personne qui appelle)* hola, buenos días/buenas tardes
allumer encender
allumette cerilla *f*
alors entonces
alphabet alfabeto *m*
amande almendra *f*
ambassade embajada *f*
ambiance ambiente *m*
ambulance ambulancia *f* **136**
amende multa *f*
amener traer
amer amargo
Américain(e) americano *m*, americana *f*
américain americano
ami(e) amigo *m*, amiga *f* **35**; **petit ami** novio m; **petite amie** novia *f*
amour amor *m*
ampoule *(électrique)* bombilla *f*; *(sur la peau)* ampolla *f*
amusant divertido
amuser (s') divertirse **38**
an año *f*; **j'ai 22 ans** tengo veintidós años **34**
ananas piña *f*
ancien antiguo
anesthesie anestesia *f*
angine angina *f*
Anglais(e) inglés *m*, inglesa *f*
anglais inglés
Angleterre Inglaterra *f*
animal animal *m*
animé: c'est très animé hay mucha marcha
année año *m*; **bonne année !** ¡feliz año!
anniversaire cumpleaños *m*; **bon anniversaire !** ¡feliz cumpleaños!
anniversaire de mariage aniversario *m* de boda
annuaire guía *f* telefónica
annuler cancelar
antibiotique antibiótico *m* **138**
antique antiguo, de época clásica
Antiquité Antigüedad *f*
août agosto
apéritif aperitivo *m*; **prendre l'apéritif** tomar el aperitivo
appareil: qui est à l'appareil ? ¿de parte de quién (es)?
appareil photo cámara *f* (de fotos) **118**
appartement piso *m*, apartamento *m*
appel *(téléphonique)* llamada *f*
appeler llamar **33**, **132**; **s'appeler** *(se nommer)* llamarse **33**; *(s'intituler)* titularse
appendicite apendicitis *f*
appétit: bon appétit ! ¡buen provecho!
apporter traer **88**
apprendre aprender **29**
appuyer (sur) apretar
après *(adv)* después
après *(préposition)* después de
après-demain pasado mañana
après-midi tarde *f*
après-soleil *(lotion)* aftersun® *m*
araignée araña *f*
arbre árbol *m*
argent *(métal)* plata *f*; *(monnaie)* dinero *m* **108**
arnaque timo *m* **38**
arrêt parada *f* **45**, **46**; **sans arrêt** sin cesar
arrêt de bus parada *f* de autobús
arrêter parar **48**; **s'arrêter** pararse; *(train, bus)* parar
arrivée llegada *f*

arriver *(quelque part)* llegar **35**; *(se passer)* pasar; **arriver à** *(parvenir à)* conseguir **56**
art arte *m*
articuler articular
artisanal artesanal
ascenseur ascensor *m*
aspirine aspirina *f*
asseoir (s') sentarse
assez *(plutôt)* bastante **32**; *(suffisamment)* suficiente **64**; **assez de** bastantes
assiette plato *m*
assurance seguro *m* **47**, **100**, **143**
assurance tous risques seguro *m* a todo riesgo **47**
asthme asma *f* **138**
Atlantique: l'océan Atlantique el océano Atlántico
attendre esperar **66**, **150**
attention: faire attention tener cuidado; **attention !** ¡cuidado!
auberge de jeunesse albergue *m* juvenil **58**
aubergine berenjena *f*
aucun(e) ninguno/a; **aucune idée** ni idea
aujourd'hui hoy **148**
aussi también; **moi aussi** yo también; **aussi bien/grand que ...** tan bien/grande como ...
auteur autor *m*, autora *f*
authentique auténtico
autobus autobús *m*
automne otoño *m*
autoroute autopista *f*, autovía *f*
autre otro; **un(e) autre** otro/a **53**, **64**, ; **d'autres** otros/as
avance: à l'avance con antelación **87**; **en avance** antes de la hora
avant *(adv)* antes
avant *(préposition)* antes de
avant: *(adj)* **roue avant** rueda *f* delantera
avant-hier anteayer
avec con
avenue avenida *f*
aveugle ciego
avion avión *m*; **par avion** *(courrier)* por avión
avis: changer d'avis cambiar de opinión
avocat *(fruit)* aguacate *m*
avoir tener
avril abril

B

baby-sitter canguro *mf*
bagage à main equipaje *m* de mano **43**
bagages equipaje *m* **44**
bagarre bronca *f*
bague anillo *m*
baguette barra *f* de pan
baigner (se) bañarse
bain baño *m*; **prendre un bain** bañarse
balader (se) dar un paseo
balcon balcón *m*
balle pelota *f*
ballon balón *m*
banane plátano *m*
bandage vendaje *m*
banlieue afueras *fpl*
banque banco *m* **120**
bar bar *m*
barbecue barbacoa *f*
bas: *(n)* **en bas** abajo
bas *(adj)* bajo
basilique basílica *f*
basket *(sport)* baloncesto *m*

baskets *(chaussures)* zapatillas *fpl* deportivas
bateau barco *m*
bâtiment edificio *m*
bâton de ski bastón *m* de esquí
batterie batería *f* **47**
beau precioso; *(personne)* guapo; **il fait beau** hace buen tiempo
beaucoup (de) mucho/a/os/as; **beaucoup plus** mucho más
beau-fils *(gendre)* yerno *m*; *(après remariage)* hijastro *m*
beau-frère cuñado *m*
beau-père *(père du conjoint)* suegro *m*; *(après remariage)* padrastro *m*
bébé bebé *m*
Belge belga *mf*
belge belga
Belgique Bélgica *f*
belle-fille *(bru)* nuera *f*; *(après remariage)* hijastra *f*
belle-mère *(mère du conjoint)* suegra *f*; *(après remariage)* madrastra *f*
belle-sœur cuñada *f*
belvédère mirador *m*
besoin: avoir besoin de necesitar **136**, **139**
bête *(idiot)* tonto
beurre mantequilla *f*
biberon biberón *m*
bicyclette bicicleta *f*
bien bien; **j'aimerais bien ...** me gustaría ... **86**, **87**; **bien sûr** por supuesto
bientôt pronto **133**; **à bientôt !** ¡hasta pronto!
bienvenu bienvenido
bienvenue ! ¡bienvenido!
bière cerveza *f*
bijouterie joyería *f*
bijoux joyas *fpl*
billet billete *m* **42**
billetterie taquilla *f*
bio *(produit)* biológico
biscuit galleta *f*
bise beso *m*; **faire la bise à quelqu'un** dar un beso a alguien
bizarre raro
blague broma *f*
blanc blanco
blessé herido
bleu *(n) (sur la peau)* cardenal *m*
bleu *(adj)* azul; *(steak)* poco hecho
blond rubio
bloqué *(circulation)* atascado; *(mécanisme)* bloqueado **126**
blouson cazadora *f*
bœuf *(viande)* buey *m*
boire beber **64**
bois *(forêt)* bosque *m*; *(matière)* madera *f*
boisson bebida *f*
boîte *(caisse)* caja *f*
boîte aux lettres buzón *m* **123**
boîte de conserve lata *f* de conserva
boîte de nuit discoteca *f*
boîte de vitesses caja *f* de cambio **47**
bol tazón *m*
bon *(savoureux, agréable)* bueno; *(exact)* correcto; **bon marché** barato
bonbon caramelo *m*
bondé abarrotado
bonjour *(le matin)* buenos días; *(l'après-midi)* buenas tardes
bonnet gorro *m*
bonsoir buenas noches
bord: au bord de la mer en la costa
bosse chichón *m*
bottes botas *fpl*
bouche boca *f*

boucherie carnicería *f*
bouchon *(de bouteille)* tapón *m*; *(embouteillage)* atasco *m*
bouclé *(cheveux)* rizado
boucles d'oreilles pendientes *mpl*
boue barro *m*
bouée boya *f*
bougie *(de cire)* vela *f*; *(de moteur)* bujía *f*
boulangerie panadería *f*
boule *(de glace)* bola *f*
boules Quiès® tapones *mpl* para los oídos
boulot curro *m*
bout: un bout de … un trozo de …; **au bout de la rue** al final de la calle
bouteille botella *f* **67**
bouteille de gaz bombona *f* de gas
boutique tienda *f*
bouton *(sur la peau)* grano *m*; *(d'un vêtement, d'un appareil)* botón *m*
bracelet pulsera *f*
branché *(à la mode)* de moda
brancher enchufar **134**
bras brazo *m*
bravo ! ¡bravo!
briquet mechero *m*
brochure folleto *m*
brocoli brécol *m*
bronchite bronquitis *f*
bronzé moreno
bronzer *(brunir)* ponerse moreno; *(s'exposer)* tomar el sol
brosse cepillo *m*
brosse à dents cepillo *m* de dientes
brouillard niebla *f*
bruit ruido *m*; **faire du bruit** hacer ruido
brûler quemar; **se brûler** quemarse
brûlure quemadura *f*
brun *(cheveux)* moreno
bruyant ruidoso **56**
bureau de poste oficina *f* de correos **123**
bureau de tabac estanco *m*
bus bus *m*

C

ça *(près)* esto; *(plus loin)* eso
cabine d'essayage probador *m* **112**
cabine téléphonique cabina *f* telefónica
cacahouètes cacahuetes *mpl*
Caddie® carrito *m*
cadeau regalo *m* **113**
cafard *(insecte)* cucaracha *f*
café *(boisson, lieu)* café *m*
café au lait café *m* con leche
café crème café *m* con leche
café Internet café *m* Internet **126**
cahier cuaderno *m*
caisse *(boîte, où payer)* caja *f*
caleçon *(sous-vêtement)* calzoncillos *mpl*; *(de bain)* bañador *m*
calme tranquilidad *f*
cambriolage robo *m*
caméra cámara *f*
camion camión *m*
campagne campo *m* **101**
camping camping *m* **60**; **faire du camping** ir de camping
camping-car caravana *f*
camping-gaz® camping *m* gas
canard pato *m*
car *(bus)* autocar *m*
caravane caravana *f*
cardiaque enfermo del corazón **138**
carie caries *f*
carnet de tickets abono *m*

carotte zanahoria *f*
carte *(menu)* carta *f*; *(géographique)* mapa *m*; *(à jouer)* carta *f*; *(document)* tarjeta *f*
carte de crédit tarjeta *f* de crédito **109**
carte de téléphone tarjeta *f* telefónica **130**
carte de visite tarjeta *f* de visita
carte d'identité DNI *m*
carte postale postal *f*
carte Visa® tarjeta *f* Visa®
cas: au cas où por si acaso; **en cas de...** en caso de... **139**
casque casco *m*
casquette gorra *f*
cassé roto
casse-croûte tentempié *m*
casser romper **59**, **136**; **se casser le bras/la jambe** romperse un brazo/una pierna
casserole cacerola *f*
cassette cinta *f*, cassette *f*
cassette vidéo vídeo *m*
cathédrale catedral *f*
catholique católico
cause: à cause de a causa de
caution fianza *f*
CD CD *m*
ce: *(pronom)* **c'est** es **26**
ce, cette *(adj) (près)* este/a; *(plus loin)* ese/a; *(loin)* aquel(la)
ceinture cinturón *m*
ceinture de sécurité cinturón *m* de seguridad
célèbre famoso
célibataire *(adj & n)* soltero
celui-ci, celle-ci este/a/o
celui-là, celle-là ese/a, aquel(la)
cendrier cenicero *m*
centimètre centímetro *m*
centre centro *m* **56**
centre commercial centro *m* comercial
centre-ville centro *m* ciudad
céréales cereales *mpl*
cerise cereza *f*
certain *(sûr)* seguro; **certain(e)s** *(quelques)* algunos/as
ces *(près)* estos/as; *(plus loin)* esos/as; *(loin)* aquellos/as
ceux-ci estos/as
ceux-là esos/as, aquellos/as
chacun(e) cada uno/a
chaîne cadena *f*; *(hi-fi)* equipo *m*
chaise silla *f*
chaleur calor *m*
chambre habitación *f* **54**
chambre à air cámara *f* de aire
chambre d'hôtes casa *f* rural
champagne champán *m*
champignons champiñones *mpl*
chance suerte *f*; **bonne chance !** ¡buena suerte!; **avoir de la chance** tener suerte
changement cambio *m* **46**
changer cambiar; **se changer** cambiarse
chanson canción *f*
chanter cantar
chapeau sombrero *m*
chapeau de soleil sombrero *m* de playa
chapelle capilla *f*
chaque cada; **chaque fois** cada vez; **chaque jour** todos los días, cada día
charcuterie *(magasin)* charcutería *f*; *(produits)* embutidos *mpl*
chasse d'eau cisterna *f*
chat gato *m*
château castillo *m*

chaud caliente; **il fait chaud** hace calor; **avoir chaud** tener calor
chauffage calefacción *f*
chauffe-eau calentador *m* de agua
chauffeur de taxi taxista *mf*
chaussettes calcetines *mpl*
chaussures zapatos *mpl*
chaussures de marche botas *fpl* de montaña
chaussures de ski botas *fpl* de esquiar
chef jefe *m*
chemin camino *m* **101**
cheminée chimenea *f*
chemise *(vêtement)* camisa *f*; *(de carton)* carpeta *f*
chemise de nuit camisón *m*
chèque cheque *m*
chèque de voyage cheque *m* de viaje
cher *(coûteux)* caro
chercher buscar **31**, **58**, **119**; **aller chercher quelque chose/quelqu'un** ir a buscar algo/a alguien
cheval caballo *m*
cheveux pelo *m*
cheville tobillo *m*
chèvre cabra *f*
chewing-gum chicle *m*
chez en casa de **131**; **chez soi** en casa; **chez moi** en mi casa
chic elegante
chien perro *m*
chinois chino
chips patatas *fpl* fritas
choc choque *m*
chocolat chocolate *m*
chocolat au lait chocolate *m* con leche
chocolat chaud chocolate *m*
chocolat noir chocolate *m* negro
choisir elegir **66**
choix elección *f*
cholestérol colesterol *m*
chose cosa *f*
chou col *f*
chou-fleur coliflor *f*
cidre sidra *f*
ciel cielo *m*
cigare puro *m*
cigarette cigarrillo *m*
cimetière cementerio *m*
cinéma cine *m*
cintre percha *f*
circulation *(de voiture)* tráfico *m*; *(du sang)* circulación *f*
cirque circo *m*
ciseaux tijeras *fpl*
citron limón *m*
citron vert lima *f*
clair claro; **bleu clair** azul claro
classe clase *f*; **première/deuxième classe** primera/segunda clase
classe affaires clase *f* preferente
classe touristes clase *f* turista
classique clásico
clé llave *f*
clémentine clementina *f*
cliché *(n)* tópico *m*
clignotant intermitente *m*
climat clima *m*
climatisation climatización *f* **56**
club club *m*
Coca® Coca-Cola® *f* **68**
cochon cerdo *m*

code confidentiel número *m* personal **121**
code postal código *m* postal
cœur corazón *m*; **par cœur** de memoria
coffre *(de voiture)* maletero *m*
coiffeur *(lieu)* peluquería *f*
coin *(d'une rue)* esquina *f*; **dans le coin** por aquí **110**
coincé atascado
colère: en colère enfadado
colis paquete *m* **123**
collants medias *fpl*
colle pegamento *m*
collège colegio *m*
collier collar *m*
colline colina *f*
colonie de vacances colonia *f* de verano
combien cuánto/a, cuántos/as **69**; **combien ça coûte ?** ¿cuánto cuesta?; **combien de temps… ?** ¿cuánto tiempo…? **42**; **depuis combien de temps… ?** ¿desde hace cuánto...?; **on est le combien ?** ¿qué fecha es hoy?
combinaison de plongée traje *m* de submarinismo
commander *(nourriture)* pedir **67**
comme como
commencer empezar **138**
comment ¿cómo? **26**, **27**, **33**
commerces tiendas
commissariat comisaría *f* **142**
compagnie aérienne compañía *f* aérea
compartiment compartimiento *m*
complet *(plein)* completo **57**, **66**
complètement completamente
comprendre entender **28**, **38**
comprimé comprimido *m*
compris *(service, assurance)* incluido; **tout compris** todo incluido
comptant: payer comptant pagar al contado
compte bancaire cuenta *f* bancaria
compter contar; **compter sur** contar con
compteur électrique contador *m* eléctrico
con *(idiot)* gilipollas *m*
concert concierto *m* **87**
concombre pepino *m*
conduire conducir; *(quelqu'un)* acompañar **32**
confiance confianza *f*; **avoir confiance (en)** confiar (en)
confirmer confirmar **43**
confiture mermelada *f*
confortable confortable
congélateur congelador *m*
connaissance *(personne)* conocido *m*, conocida *f*; **connaissances** *(savoir)* conocimientos *mpl*
connaître conocer **30**, **35**, **133**
connu conocido; **pas connu** desconocido
conseil consejo *m*; **demander conseil (à)** pedir consejo (a)
conseiller aconsejar **36**, **100**
consigne *(pour bagages)* consigna *f*
consommation *(boisson)* consumición *f*
consommer consumir **111**
consonne consonante *f*
constipé estreñido
construire: construit en … construido en …
consulat consulado *m* **142**
contact contacto *m*; **rester en contact** seguir en contacto **36**
contacter ponerse en contacto **142**

contagieux contagioso
contemporain contemporáneo
content contento
continuation: bonne continuation ! ¡que te/le vaya bien!
continuer seguir; **continuer à faire quelque chose** seguir haciendo algo
contraceptif anticonceptivo *m*
contraire contrario; **au contraire** al contrario
contrat contrato *m*
contre contra **139**
coordonnées señas *fpl* **36**
copain, copine amigo *m*, amiga *f*; **petit copain** novio *m*; **petite copine** novia *f*
coquillage marisco *m*
coquille Saint-Jacques vieira *f*
corps cuerpo *m*
correct correcto
correspondance *(dans un aéroport)* conexión *f* **43**; *(de métro)* correspondencia *f*
côte *(maritime)* costa *f*; *(du corps)* costilla *f*
côté lado *m*; **à côté de** al lado de
côtelette chuletilla *f*
coton algodón *m*
coton-tige® bastoncillo *m* de algodón
cou cuello *m*
couche pañal *m*
coucher: se coucher acostarse; **coucher avec** acostarse con
coucher du soleil puesta *f* de sol
couchette litera *f*
couleur color *m*
coup: ça vaut le coup merece la pena; **aller boire un coup** ir a tomar una copa
coup de soleil: prendre un coup de soleil quemarse
coupe-ongles cortaúñas *m*
couper cortar; **se couper** cortarse
courage valor; **bon courage !** ¡ánimo!
courant: être au courant (de) estar al corriente (de)
courgette calabacín *m*
courrier correo *m* **123**
cours *(leçon)* clase *f* **99**, **102**
courses compras *fpl*; **faire des/les courses** ir de compras; *(nourriture)* hacer la compra
court corto
cousin(e) primo *m*, prima *f*
couteau cuchillo *m*
coûter costar **107**; **combien ça coûte ?** ¿cuánto cuesta?
couvert *(n)* cubierto *m*
couvert *(adj)* cubierto
couverture manta *f* **56**
crabe cangrejo *m*
cravate corbata *f*
crayon lápiz *m*
crème crema *f*
crème dépilatoire crema *f* depilatoria
crème fraîche nata *f*
crème hydratante crema *f* hidratante
crème solaire crema *f* solar
crevé *(pneu)* pinchado; *(fatigué)* hecho polvo
crever *(pneu)* pinchar **47**
crevette gamba *f*
crise crisis *f*
crise cardiaque crisis *f* cardiaca
crise d'appendicite ataque *m* de apendicitis
critiquer criticar

croire creer; **je crois que ...** creo que ...
croisière crucero *m*
croix cruz *f*
crotte caca *f*
cru crudo
crustacés mariscos *mpl*
cuillère cuchara *f*
cuillère à café cucharilla *f* de café
cuillère à soupe cuchara *f*
cuir cuero *m*
cuire *(bouillir)* cocer; *(frire)* freír; *(au four)* asar; *(gâteau, pain)* hacer
cuisine cocina *f*; **faire la cuisine** cocinar
cuisse muslo *m*
cuit *(bouilli)* cocido; *(frit)* frito; *(au four)* asado; *(gâteau, pain)* cocido; **bien cuit** hecho; **trop cuit** demasiado hecho
cuivre cobre *m*
culotte bragas *fpl*
curé cura *m*
cybercafé cibercafé *m*

D

dangereux peligroso
dans en; **dans une heure** dentro de una hora **150**; **dans la matinée/soirée** por la mañana/noche
danse danza *f*, baile *m*
danser bailar
date fecha *f*
date de naissance fecha *f* de nacimiento
date d'expiration fecha *f* de caducidad
date limite fecha *f* límite
dater (de) datar (de)
de de; **le vélo de David** la bicicleta de David; **de ... à ...** desde ... hasta ...; **du pain** pan; **des œufs** huevos
dé dado *m*
débrouiller (se) arreglárselas; *(pour parler une langue)* defenderse
début principio *m*; **au début** al principio; **en début de** a principios de
débutant principiante
déca descafeinado
décalage horaire diferencia *f* horaria
décapsuleur abrebotellas *m*
décembre diciembre
décevant decepcionante
décider decidir
déclaration de vol denuncia *f* por robo **143**
déclarer *(à la douane)* declarar
décoller *(avion)* despegar
découvrir descubrir
déçu decepcionado
dedans dentro
défaut defecto *f*
dégonflé *(pneu)* deshinchado
degré *(température)* grado *m*
dehors fuera
déjà ya **148**
déjeuner *(n)* comida *f*, almuerzo *m*
déjeuner *(v)* comer, almorzar
délicieux delicioso, rico
demain mañana; **à demain !** ¡hasta mañana!; **demain matin/soir** mañana por la mañana/por la noche
demander preguntar
démanger picar **138**
demi medio **67**; **un demi-litre/-kilo** medio litro/kilo; **une demi-heure** media hora; **une heure et demie** una hora y media

demi-pension media pensión *f*
demi-tour media vuelta *f*
dent diente *m*
dentifrice pasta *f* de dientes
dentiste dentista
déodorant desodorante *m*
dépannage: service de dépannage servicio *m* de grúa
départ salida *f*
dépêcher (se) darse prisa
dépendre: ça dépend (de) depende (de)
dépenser gastar
dépliant *(prospectus)* folleto *m* **42**
déposer *(quelqu'un)* dejar **48**
depuis desde; **depuis que** desde que; **depuis quand ?** ¿desde cuándo?
déranger molestar
dernier último **45**; **au dernier moment** en el último momento; **l'année dernière** el año pasado **148**
derrière *(adv)* detrás
derrière *(préposition)* detrás de
des unos/as *(voir grammaire)*
dès desde; **dès que** en cuanto
désagréable desagradable
descendre bajar **45**
désert desierto *m*
désinfecter desinfectar
désolé: je suis désolé lo siento
dessert postre *m* **67**
dessin dibujo *m*
dessous debajo; **en dessous (de)** debajo (de)
dessus encima; **au-dessus (de)** encima (de)
destinataire destinatario *m*, destinaria *f*
détendre (se) relajarse
détester odiar
devant *(adv)* delante
devant *(préposition)* delante de
développer: faire développer *(pellicule)* revelar **118**
devenir volverse
devoir *(v)* deber **142**, tener que; *(de l'argent)* deber **69**, **108**; **je dois y aller** tengo que ir; **il doit être 5h** deben de ser las cinco; **vous devriez …** debería …
diabète diabetes *f*
dialecte dialecto *m*
diapositive diapositiva *f*
diarrhée: avoir la diarrhée tener diarrea
dictionnaire diccionario *m*
diesel diésel *m*
différent (de) diferente (de)
difficile (à) difícil (de)
dimanche domingo *m*
diminuer reducir
dinde pavo *m*
dîner *(n)* cena *f*
dîner *(v)* cenar
dire decir; **vouloir dire** querer decir; **comment dit-on … ?** ¿cómo se dice …?; **ça te dit ?** ¿te apetece?
direct directo
directement directamente
direction dirección *f*; **en direction de** hacia
direction assistée dirección *f* asistida
disparaître desaparecer **142**
disputer (se) reñir
disquaire tienda *f* de discos
disque disco *m*
disque dur disco *m* duro
distributeur (automatique de billets) cajero *m* automático **121**

divorcé divorciado
docteur médico *m*, médica *f* **136**
document documento *m*
doigt dedo *m*
dommage: c'est dommage es una pena; **quel dommage !** ¡qué pena!
donc entonces, así que
donner dar
dont cuyo/a, cuyos/as
dormir dormir; **dormir à la belle étoile** dormir al raso
dos espalda *f*
douane aduana *f*
doublé *(film)* doblado
doucement *(délicatement)* suavemente; *(bas)* bajo; *(lentement)* despacio
douche ducha *f*; **prendre une douche** ducharse
draguer ligar
drap sábana *f*
drapeau bandera *f*
drogue droga *f*
droit *(n)* derecho *m*; **avoir le droit de ...** tener derecho a ...
droit *(adj)* recto
droit: *(adv)* **tout droit** todo recto **32**
droite derecha; **à droite (de)** a la derecha (de)
drôle *(amusant)* gracioso; *(étrange)* raro
du *voir* **de**
dur duro
durée duración *f*
durer durar **42**

E

eau agua *f*
écharpe bufanda *f*
échecs ajedrez *m*
école colegio *m*, escuela *f*
écouter escuchar
écrire escribir **29, 53, 109, 132**
effort esfuerzo *m*
égal: ça m'est égal me da igual
église iglesia *f*
électrique eléctrico
elle ella *(voir grammaire)*
elles ellas *(voir grammaire)*
e-mail e-mail *m*, correo *m* electrónico
embarquement embarque *m* **44**
embarquer embarcar **43**
embêtant molesto
embouteillage atasco *m* **46**
embrasser dar un beso a
embrayage embrague *m*
émission *(de télévision, de radio)* programa *m*
emmener *(en voiture)* llevar
emplacement *(de camping)* plaza *f* **60**
emporter llevar; **à emporter** para llevar
emprunter pedir prestado, tomar prestado
en en; **en France/1995/espagnol** en Francia/1995/español; **je vais en France** voy a Francia; **en voiture** en coche
enceinte: être enceinte estar embarazada **138**
enchanté ! ¡encantado!
encore todavía **67**; **pas encore** todavía no **146**; **encore plus** todavía más
endormir (s') dormirse
énervant irritante
énerver poner nervioso
enfant niño *m*, niña *f*
enfin por fin
enflé hinchado
engueuler echar una bronca a
enlever quitar

ennuyer (s') aburrirse
enregistrement *(des bagages)* facturación *f* **43**
enregistrer *(bagages)* facturar
enrhumé resfriado *m*
ensemble juntos/as
ensuite después
entendre oír; **bien/mal s'entendre (avec)** llevarse bien/mal (con)
entier completo; **en entier** por completo
entracte entreacto *m*
entre: entre midi et deux entre las doce y las dos; **entre 3 et 5 jours** en tres o cinco días
entrée *(lieu, ticket)* entrada *f* **89**, **93**; *(de repas)* primer plato *m*
entrer entrar
enveloppe sobre *m*
envie: avoir envie de tener ganas de; **je n'ai pas très envie** no tengo muchas ganas
environ aproximadamente **151**; **dans les environs** en los alrededores
envoi envío *m*
envoyer enviar **123**
épaule hombro *m*
épeler deletrear
épice especia *f*
épicerie tienda *f* de comestibles
épileptique epiléptico
épiler depilar
épinards espinacas *fpl*
éponge esponja *f*
époux, épouse esposo *m*, esposa *f*
épuisé agotado
équipe equipo *m*
erreur error *m*
escalade escalada *f*
escalier escalera *f*
Espagne España *f*
Espagnol(e) español *m*, española *f*
espagnol español
espérer esperar; **j'espère que ...** espero que ...
essayer intentar; *(vêtement)* probarse **111**; **essayer de faire quelque chose** intentar hacer algo
essence gasolina *f*
est este *m*; **à l'est (de)** al este (de)
estomac estómago *m*
et y
étage piso *m*
état estado *m*; **l'État** el Estado
États-Unis Estados *mpl* Unidos
été verano *m*
éteindre apagar
étonner sorprender
étranger *(adj & n)* extranjero/a; **à l'étranger** en el extranjero
être ser; estar *(voir grammaire)*
études estudios *mpl*; **faire des études de ...** estudiar ... **34**
étudiant estudiante **34**, **42**
euro euro *m*
eurochèque eurocheque *m*
Europe Europa *f*
européen europeo
eux ellos
évanouir (s') desmayarse
évident evidente
excédent *(de bagages)* exceso *m* **44**
excellent excelente
exceptionnel excepcional; **rien d'exceptionnel** nada del otro mundo
excursion excursión *f*
excuse excusa *f*

excuser (s') disculparse; **excusez-moi** *(pour attirer l'attention)* por favor; *(pour s'excuser)* perdone
exemple ejemplo *m*; **par exemple** por ejemplo
expéditeur remitente *mf*
expliquer explicar
exposition exposición *f*
exprès *(adv)* a propósito
express café *m* solo
expression expresión *f*
expresso café *m* solo
exprimer expresar; **s'exprimer** expresarse
extraordinaire extraordinario

F

face: en face (de) enfrente (de)
fâché enfadado
facile (à) fácil (de)
façon forma *f*; **de toute façon** de todas formas
facteur cartero *m*, cartera *f*
facture factura *f*
faible débil **137**
faim: avoir faim tener hambre **64**
faire hacer; **ça fait 2 ans que …** hace dos años que …; **ça ne fait rien** es igual
fait *(n)* hecho *m*; **en fait** de hecho; **au fait, …** por cierto, ...
fait: *(adj)* **fait main** hecho a mano
falaise acantilado *m*
falloir: il faut que je/tu/*etc* ... tengo/tienes/*etc* que…
famille familia *f* **35**
farine harina *f*
fast-food comida *f* rápida
fatigant cansado
fatigué cansado
faute falta *f*
fauteuil roulant silla *f* de ruedas
faux falso
fax fax *m*
félicitations ! ¡felicidades!
femme mujer *f*
fenêtre ventana *f*
fer à repasser plancha *f*
férié festivo; **jour férié** día *m* festivo
ferme *(n)* granja *f*
fermé cerrado **108**
fermer cerrar **69**
fermeture cierre *m*
fermeture éclair® cremallera *f*
ferry ferry *m*
fesses culo *m*
festival festival *m*
fête fiesta *f*; **faire la fête** estar de juerga
fête nationale fiesta *f* nacional
feu fuego *m*; **tu as du feu ?** ¿tienes fuego?
feuille hoja *f*
feu rouge semáforo *m*
feux d'artifice fuegos *mpl* artificiales
février febrero
fiancé(e) *(n)* novio *m*, novia *f*
fiancé: *(adj)* **être fiancé** estar prometido
fier (de) orgulloso (de)
fièvre fiebre *f* **138**
fille chica; *(de ses parents)* hija
film película *f*
fils hijo *m*
fin *(n)* final *m*; **à la fin (de)** al final (de); **en fin de** a finales de
fin *(adj)* fino
finalement finalmente
finir terminar

flash flash *m*
flèche flecha *f*
fleur flor *f*
fleuve río *m*
flou borroso
foie hígado *m*
foire feria *f*
fois vez *f* **35**, **68**, **148**
folklorique folclórico
foncé oscuro; **bleu foncé** azul oscuro
fond fondo *m*; **au fond de** en el fondo de
football fútbol *m*
forêt bosque *m*
forfait *(transports, ski)* forfait *m*
formidable estupendo
formulaire impreso *m* **143**
fort fuerte
fou loco
foulard pañuelo *m*
fouler: se fouler la cheville torcerse el tobillo
four horno *m*
fourchette tenedor *m*
fourmi hormiga *f*
foutu jodido
fracture fractura *f*
fragile frágil
frais *(temps, aliment)* fresco; *(boisson)* frío
fraise fresa *f*
framboise frambuesa *f*
franc *(monnaie)* franco *m*
Français(e) francés *m*, francesa *f*
français francés
France Francia *f*
frein freno *m*
frein à main freno *m* de mano
freiner frenar
frère hermano *m*
frigidaire® frigorífico *m*
frit frito
frites patatas *fpl* fritas
froid frío; **il fait froid** hace frío; **avoir froid** tener frío
fromage queso *m*
front frente *f*
frontière frontera *f*
fruit fruta *f*
fruits de mer marisco *m*
fuite fuga *f*
fumer fumar
fumeur fumador; **non-fumeurs** no fumador **69**; **fumeurs** *(salle, comparti-ment)* para fumadores **65**
fusible fusible *m*

G

gâcher estropear
gagner ganar
galerie galería *f*
gant guante *m*
gant de toilette manopla *f*
garage *(pour garer)* parking *m*; *(pour réparer)* taller *m* mecánico **47**
garantie garantía *f*
garçon *(enfant)* chico *m*; *(serveur)* camarero *m*
garder vigilar
gardien vigilante *m*
gare estación *f*
garer (se) aparcar
gare routière estación *f* de autobuses
gâteau pastel *m*
gâteau sec galleta *f*
gauche izquierda *f*; **à gauche (de)** a la izquierda (de)
gaz gas *m*
gaze *(bandage)* gasa *f*

gazeux *(boisson)* con gas
gel *(eau gelée)* hielo *m*; *(pour les cheveux)* fijador *m*
gel douche gel *m* de ducha
gêner molestar
généraliste *(médecin)* médico *m* de familia
génial genial
genou rodilla *f*
genre: quel genre de … ? ¿qué tipo de …?
gens gente *f*; **les gens** la gente
gentil amable
glace *(eau gelée)* hielo *m*; *(à manger)* helado *m*; *(miroir)* espejo *m*
glaçon cubito *m* **68**
golf golf *m*
gorge garganta *f*
gourde cantimplora *f*
goût gusto *m*
goûter *(n)* merienda *f*
goûter *(v)* probar **111**
gouttes gotas *fpl*
grâce à gracias a
grammaire gramática *f*
grammes gramos *mpl*
grand grande; *(haut)* alto
Grande-Bretagne Gran Bretaña *f*
grandir crecer; **j'ai grandi en France** me crié en Francia
grand-mère abuela *f*
grand-père abuelo *m*
grands-parents abuelos *mpl*
gras *(adj)* graso
gratuit gratis **92**
grave grave; **ce n'est pas grave** no es grave
Grec, Grecque griego *m*, griega *f*
grec griego
Grèce Grecia *f*
grillé asado
grippe gripe *f*
grippe intestinale gripe *f* intestinal
gris gris
gros gordo
groupe grupo *m*; *(de musique)* grupo
guêpe avispa *f*
guérir curarse
guerre guerra *f*
gueule de bois resaca *f*
guide *(livre)* guía *f*; *(personne)* guía *mf*
guide des spectacles guía *f* de espectáculos **86**
guitare guitarra *f*
gynécologue ginecólogo

H

habiller (s') vestirse
habiter vivir
habitude costumbre *f*; **d'habitude** generalmente; **avoir l'habitude (de)** estar acostumbrado (a)
hamburger hamburguesa *f*
hanche cadera *f*
handball balonmano *m*
handicapé minusválido **142**
haricots judías *fpl*
haricots verts judías *fpl* verdes
hasard: par hasard por casualidad; **au hasard** al azar
haschich hachís *m*
haut *(adj)* alto
haut: *(adv)* **en haut** arriba
héberger alojar
hémorroïdes almorranas *fpl*
herbe hierba *f*
hésiter dudar

heure hora *f* **149**; **à quelle heure... ?** ¿a qué hora...?; **à 5 heures** a las cinco; **à l'heure** puntual; **à tout à l'heure** hasta luego
heureusement afortunadamente
heureux feliz
hier ayer; **hier matin/soir** ayer por la mañana/por la noche
histoire historia *f*
hiver invierno *m*
Hollandais(e) holandés *m*, holandesa *f*
hollandais holandés
Hollande Holanda *f*
homard bogavante *m*
homéopathie homeopatía *f*
homme hombre *m*
homosexuel homosexual
honnête honrado
hôpital hospital *m*
horaires horarios *mpl*
horrible horrible
hors service fuera de servicio
hôtel hotel *m*
hôtel de ville ayuntamiento *m*
huile aceite *m*; **huile d'olive** aceite de oliva
huître ostra *f*
humide húmedo
hypertension tensión *f* alta
hypotension tensión *f* baja

I

ici aquí; **d'ici un quart d'heure** de aquí a un cuarto de hora
idée idea *f*
idiot *(n)* idiota *mf*
il él *(voir grammaire)*; **il y a ...** hay ...; **il y a 2 ans** hace dos años **147**
île isla *f*
ils ellos *(voir grammaire)*
immeuble edificio *m*
imperméable *(n)* impermeable *m*
imperméable *(adj)* impermeable
important importante
importer: n'importe quoi cualquier cosa; **faire/dire n'importe quoi** hacer/decir tonterías
impossible imposible
impression: avoir l'impression de tener la impresión de que
impressionnant impresionante
imprimer imprimir
incendie incendio *m*
incroyable increíble
indépendant independiente
indicatif *(téléphonique)* prefijo *m* **133**
infection infección *f*
infirmière enfermera *f*
informations *(renseignements)* información *f* **92**; *(nouvelles)* noticias *fpl*
inoubliable inolvidable
inquiéter (s') preocuparse
inscrire (s') *(à des cours)* matricularse
insecte insecto *m*
insecticide insecticida *m*
insolation insolación *f*
insomnie insomnio *m*
instant: un instant, s'il vous plaît un momento, por favor
instrument *(de musique)* instrumento *m*
insulte insulto *m*
intelligent inteligente
intention: avoir l'intention de tener pensado **36**
interdit prohibido
intéressant interesante
intérieur: à l'intérieur dentro **89**
international internacional

Internet internet *m* **125**
intoxication alimentaire intoxicación *f* alimentaria
invité *(adj & n)* invitado *m*, invitada *f*
inviter invitar
Italie Italia *f*
Italien(enne) italiano *m*, italiana *f*
italien italiano

J

jamais nunca **102**
jambe pierna *f*
jambon jamón *m*
janvier enero
Japon Japón *m*
Japonais(e) japonés *m*, japonesa *f*
japonais japonés
jardin jardín *m*
jaune amarillo
je yo
jean vaqueros *mpl*
jetable de usar y tirar
jeter tirar
jeu juego *m*
jeudi jueves *m*
jeu vidéo videojuego *m*
jeune *(adj & n)* joven
jogging *(sport)* jogging *m*; *(tenue)* chándal *m*
joli bonito
jouer *(à un jeu)* jugar **103**; *(d'un instrument)* tocar; *(un rôle)* actuar
jouet juguete *m*
jour día *f*; **de nos jours** hoy en día
journal periódico *m*
journée día *m*
juillet julio
juin junio
jumeaux(elles) gemelos *mpl*, gemelas *fpl*
jumelles *(pour voir)* prismáticos *mpl*
jupe falda *f*
jus zumo *m*
jusqu'à hasta **32**, **148**
juste *(équitable)* justo; **juste avant** justo antes; **juste un peu** solo un poco

K

kayak kayac *m*
kilomètre kilómetro *m*
kiosque à journaux quiosco *m* de periódicos
kleenex® pañuelo de papel *m*
K-way® chubasquero *m*

L

la la *(voir grammaire)*
là ahí; *(plus loin)* allí
là-bas allí **142**
lac lago *m*
lacets cordones *mpl*
là-haut ahí arriba
laine lana *f*; **en laine** de lana
laisser *(permettre)* dejar **89**; **laisser tranquille** dejar en paz; **laisser tomber** abandonar
lait leche *f*
lait écrémé leche *f* desnatada
lait entier leche *f* entera
lait hydratant crema *f* hidratante
lait pasteurisé leche *f* pasteurizada
laitue lechuga *f*
lame de rasoir cuchilla *f* de afeitar
lampe lámpara *f*
lampe de poche linterna *f*
langouste langosta *f*

langue *(langage)* idioma *m*; *(organe)* lengua *f*
lapin conejo *m*
large ancho
lavabo lavabo *m*
laver lavar; **se laver** lavarse; **se laver les dents/les cheveux** lavarse los dientes/el pelo
laverie lavandería *f*
lave-vaisselle lavaplatos *m*
le *(article)* el; *(pronom)* lo *(voir grammaire)*
léger ligero
légume verdura *f*
légumes secs legumbres *mpl*
lentement despacio
lentilles *(légume)* lentejas *fpl*; *(de contact)* lentillas *fpl*
les *(article)* los, las; *(pronom)* los, las *(voir grammaire)*
lessive *(produit)* detergente *m*; **faire la lessive** hacer la colada
lettre *(de l'alphabet)* letra *f*; *(manuscrite)* carta *f*
leur, leurs su, sus; **le/la leur** (el) suyo, (la) suya *(voir grammaire)*
leur *(pronom)* les *(voir grammaire)*
levée *(poste)* recogida *f* **124**
lever (se) levantarse
lever du soleil amanecer *m*
lèvre labio *m*
librairie librería *f*
libre libre **55**
lieu sitio *m*; **au lieu de** en vez de
ligne de métro línea *f* de metro **45**
limonade gaseosa *f*
linge sale ropa *f* sucia
liqueur licor *m*
liquide: payer en liquide pagar en metálico
liquide vaisselle lavavajillas *m*
lire leer
lit cama *f*
litre litro *m*
livre libro *m*
location alquiler *m*
logement vivienda *f*
loin lejos **46**; **loin de** lejos de
longtemps mucho tiempo **146**
lorsque cuando
louer alquilar **47, 99, 101**
lourd pesado
loyer alquiler *m*
lui le *(voir grammaire)*
lumière luz *f*
lundi lunes *m*
lune luna *f*
lune de miel luna *f* de miel
lunettes gafas *fpl*
lunettes de soleil gafas *fpl* de sol
luxe: de luxe de lujo
Luxembourg Luxemburgo *m*
Luxembourgeois(e) luxemburgués *m*, luxemburguesa *f*
luxembourgeois luxemburgués
lycée instituto *m*

M

ma mi
machine à laver lavadora *f*
macho machista
Madame Señora *f*
Mademoiselle Señorita *f*
magasin tienda *f*; **grand magasin** grandes almacenes *mpl*
magazine revista *f*
magnifique magnífico
mai mayo
maigre flaco
maillot de bain traje *m* de baño

main mano *f*
maintenant ahora
mairie ayuntamiento *m*
mais pero
maïs maíz *m*
maison casa *f*; **à la maison** en casa
maître nageur profesor *m* de natación
mal: *(n)* **avoir mal** doler **137**; **avoir mal au cœur** marearse; **avoir le mal de mer** marearse en barco; **j'ai du mal à ...** me cuesta ...
mal *(adv)* mal; **pas mal** bastante bien **86**
maladie enfermedad *f*
malentendu malentendido *m*
malheureusement desgraciadamente
malpoli maleducado
manche manga *f*; **sans manches** sin mangas; **en/à manches courtes** en/de manga corta
mandarine mandarina *f*
mandat international giro *m* postal
manger comer **64**
manière manera *f*; **de toute manière** de todas maneras
manquer faltar; **il (me) manque 2 ...** (me) faltan dos ... **43**
manteau abrigo *m*
marchand vendedor *m*
marchand de journaux *(lieu)* quiosco *m* de periódicos
marche *(d'escalier)* escalón *m*; *(à pied)* excursión *f* **100**; **faire de la marche** hacer senderismo
marché mercado *m* **110**
marche arrière marcha *f* atrás
marcher *(à pied)* andar; *(fonctionner)* funcionar **53**, **56**, **119**, **126**
mardi martes *m*
marée basse marea *f* baja
marée haute marea *f* alta
margarine margarina *f*
mari marido *m*
mariage matrimonio *m*; *(cérémonie)* boda *f*
marié casado
marre: en avoir marre (de) estar harto (de)
marron *(n) (fruit)* castaña *f*
marron *(adj)* marrón
mars marzo
match partido *m*
matelas colchón *m*
matelas pneumatique colchón *m* neumático
matin mañana *f*
mauvais malo; **il fait mauvais** hace mal tiempo
maximum máximo *m*
mayonnaise mayonesa *f*
me me *(voir grammaire)*
mec tío *m*
méchant malo
médecin médico *m*, médica *f* **136**
médicament medicamento *m*
meilleur mejor; **le meilleur** el mejor; **meilleur que ...** mejor que ...
mélanger mezclar
melon melón *m*
membre *(d'un club)* socio *m*, socia *f*
même *(adv)* incluso; **même eux** incluso ellos; **même si** aunque; **la même chose** lo mismo **68**; **moi-/lui-même** yo/él mismo
ménage: faire le ménage hacer la limpieza
mentir mentir
menton barbilla *f*
menu menú *m* **66**
mer mar *m*; **la mer Méditerranée/du Nord** el mar Mediterráneo/del Norte

merci gracias; **merci beaucoup** muchas gracias; **non merci** no, gracias
mercredi miércoles *m*
mère madre *f*
merveilleux maravilloso
mes mis
message mensaje *m* **131**
messe misa *f*
métier oficio *m*
mètre metro *m*
métro metro *m* **45**
mettre poner
micro-ondes microondas *m*
midi mediodía *m*; **il est midi** son las doce (del mediodía)
miel miel *f*
mien: le mien/la mienne (el) mío, (la) mía *(voir grammaire)*
mieux mejor **138**; **mieux que …** mejor que …
milieu medio; **au milieu (de)** en medio (de)
minérale mineral
minimum mínimo *m*
minuit medianoche *f*; **il est minuit** son las doce (de la noche)
minute minuto *m* **150**
mobylette® ciclomotor *m*
moche feo
mode moda *f*; **à la mode** de moda
moderne moderno
moi yo **34**, **66** *(voir grammaire)*
moins menos **111**, **150**, **153**; **moins que** menos que; **au moins** por lo menos; **moins le quart** *(heure)* menos cuarto
mois mes *m* **138**, **148**
moitié mitad *f*
moment momento *m*; **en ce moment** en este momento ; **pour le moment** de momento; **à ce moment-là** en aquel momento
mon mi
monastère monasterio *m*
monde mundo *m*; **tout le monde** todo el mundo; **beaucoup de monde** mucha gente **38**
monnaie cambio *m*; **faire de la monnaie** cambiar **109**, **130**; **rendre la monnaie** devolver el cambio **108**
monoski monoesquí *m*
Monsieur Señor *m*
montagne montaña *f*
montre reloj *m*
montrer enseñar **31**, **92**
monument monumento *m*
morceau trozo *m*
mort *(n)* muerte *f*
mort *(adj)* muerto
mosquée mezquita *f*
mot palabra *f*; *(note écrite)* nota *f*
moteur motor *m*
moto moto *f*
mouche mosca *f*
mouchoir pañuelo *m*
mouette gaviota *f*
mouillé mojado
moules mejillones *mpl*
mourir morir
mousse à raser espuma *f* de afeitar
moustache bigote *m*
moustique mosquito *m*
moutarde mostaza *f*
mouton *(viande)* cordero *m*
moyen *(n)* medio *m*
moyen *(adj)* medio; **durée moyenne** duración *f* media **101**

muet mudo
mur pared *f*
mûr maduro
muscle músculo *m*
musée museo *m* **93**
musique música *f*
musulman musulmán

N

nager nadar
naître nacer; **je suis né le/en …** nací el/en …
nana tía *f*
natation natación *f*
nationalité nacionalidad *f*
nature naturaleza *f*
nausée: avoir la nausée tener náuseas
navette minibús *m*
ne *voir* **pas**
nécessaire necesario
négatif *(photographique)* negativo *m*
neige nieve *f*
neiger nevar
nerveux nervioso
nettoyer limpiar
neuf nuevo
neveu sobrino *m*
nez nariz *f*
ni … ni … ni … ni …
nièce sobrina *f*
Noël Navidad *f*; **joyeux Noël !** ¡Feliz Navidad!
noir negro; **noir et blanc** blanco y negro
noisette *(fruit)* avellana *f*; *(café)* cortado *m*
noix nuez *f*
nom nombre *m*
nombre número *m*
nom de famille apellido *m*
non no; **moi non plus** yo tampoco
nord norte *m*; **au nord (de)** al norte (de)
normal normal
nos nuestros/as *(voir grammaire)*
note *(facture)* nota *f*
noter *(écrire)* apuntar
notre nuestro/a *(voir grammaire)*
nôtre: le/la nôtre (el) nuestro, (la) nuestra *(voir grammaire)*
nourriture comida *f*
nous nosotros/as, nos *(voir grammaire)*
nouveau nuevo; **à nouveau** de nuevo; **le Nouvel An** el Año Nuevo
nouvelle: bonne/mauvaise nouvelle buena/mala noticia *f*; **les nouvelles** las noticias
novembre noviembre
noyer (se) ahogarse **142**
nu desnudo
nuage nube *f*
nuit noche *f*; **bonne nuit** buenas noches
nul malísimo; **nulle part** en ningún sitio
numéro número *m*
numéro de téléphone número *m* de teléfono
numéro d'immatriculation matrícula *f*

O

objectif *(photographique)* objetivo *m*
occasion *(opportunité)* oportunidad *f*; **d'occasion** de segunda mano
occupé ocupado **133**
occuper ocupar; **s'occuper de** ocuparse de
océan océano *m*
octobre octubre
odeur olor *m*

œil ojo *m*
œuf huevo *m*
œuf à la coque huevo *m* pasado por agua
œuf dur huevo *m* duro
œufs brouillés huevos *mpl* revueltos
œuf sur le plat huevo *m* frito
office de tourisme oficina *f* de turismo
offrir regalar **113**
oignon cebolla *f*
oiseau pájaro *m*
ok vale
olives aceitunas *fpl*
ombre sombra *f*; **à l'ombre** a la sombra
omelette tortilla *f*
on *(nous)* nosotros
oncle tío *m*
ongle uña *f*
opéra ópera *f*
opérer: se faire opérer operarse
opticien óptico
or *(métal)* oro *m*; **en or** de oro
orage tormenta *f*
orange *(n) (fruit)* naranja *f*
orange *(adj) (couleur)* naranja
orchestre orquesta *f*
ordinateur ordenador *m*
ordinateur portable ordenador *m* portátil
ordures basura *f*
oreille oreja *f*
oreiller almohada *f*
organiser organizar
original original
origine origen *m*; **être d'origine …** ser de origen …
os hueso *m*
oser atreverse (a)
ou o
où donde; **où est/sont … ?** ¿dónde está/están …?; **où vas-tu ?** ¿adónde vas?; **d'où viens-tu ?** ¿de dónde vienes?
oublier olvidar **30**, **44**
ouest oeste *m*; **à l'ouest (de)** al oeste (de)
oui sí
ouvert *(lieu, personne)* abierto **108**, **111**
ouvre-boîtes abrelatas *m*
ouvre-bouteilles abrebotellas *m*
ouvrir abrir

P

page página *f*
pain pan *m*; **pain grillé** pan *m* tostado
palais palacio *m*
pâle pálido
pamplemousse pomelo *m*
panne avería *f*; **tomber en panne** tener una avería **47**; **tomber en panne d'essence** quedarse sin gasolina **47**
panneau *(de signalisation)* cartel *m*
panorama panorama *m*
pansement tirita *f*
pantalon pantalón *m*
papeterie papelería *f*
papier papel *m*
papier à cigarette papel *m* de fumar
papier alu papel *m* de aluminio
papier cadeau papel *m* de regalo
papier toilette papel *m* higiénico
papiers (d'identité) documentación *f*
Pâques *(période)* Semana *f* Santa
paquet paquete *m*
paraître: il paraît que … parece que…
par por; **par jour** al día; **par heure** por hora
parapluie paraguas *m*

parasol sombrilla *f*
parc parque *m*
parc d'attractions parque *m* de atracciones
parce que porque
pardon *(je m'excuse)* perdón; *(s'il vous plaît)* por favor
pare-brise parabrisas *m*
pare-chocs parachoques *m*
pareil igual
parents padres *mpl*
parfait perfecto
parfum *(cosmétique)* perfume *m*; *(de glace)* sabor *m*
parking parking *m*
parler hablar 28, 130, 142
parmi entre
partager compartir 67
partie parte *f*; **faire partie de** formar parte de
partir irse, marcharse; *(train, avion)* salir 45; **à partir de** a partir de
partout por todas partes
pas: ne … pas no; **pas du tout** en absoluto
passage: être de passage estar de paso 35
passager pasajero *m*
passeport pasaporte *m* 53
passer pasar; **je suis passé vers 6h** pasé sobre las seis; **passer prendre quelqu'un** pasar a recoger a alguien; **passer un coup de fil** dar un telefonazo
passionnant apasionante
pastèque sandía *f*
pâté paté *m*
pâte brisée masa *f* quebrada
pâte feuilletée hojaldre *m*
pâtes pasta *f*
pâtisserie *(gâteau)* repostería *f*; *(magasin)* pastelería *f*
patron jefe *m*
pauvre pobre
payer pagar 69, 109
pays país *m*
paysage paisaje *m*
Pays-Bas Países *mpl* Bajos
PCV: appeler en PCV llamar a cobro revertido 130
péage peaje *m*
peau piel *f*
pêche *(fruit)* melocotón *m*; **avoir la pêche** tener marcha
pêcher pescar
peigne peine *m*
peine pena *f*; **à peine** apenas; **ça vaut la peine** merece la pena
peler *(peau)* pelarse; *(fruit)* pelar
pellicule *(photo)* carrete *m* 118
pendant durante; **pendant une heure** durante una hora; **pendant que** mientras
penser pensar 55, 113; **penser à** pensar en
pension complète pensión *f* completa
perdre perder 142; **se perdre** perderse 31; **être perdu** estar perdido 31; **perdre du temps** perder tiempo
père padre *m*
périmé caducado
permettre permitir
permis de conduire carné *m* de conducir
personne *(n)* persona *f* 110
personne *(pronom)* nadie
personnellement personalmente
petit pequeño; **petit à petit** poco a poco
petit-déjeuner desayuno *m*

petite-fille nieta *f*
petit-fils nieto *m*
petits pois guisantes *mpl*
peu poco; **peu (de)** poco/a, pocos/as; **un peu (de)** un poco (de) **28**; **à peu près** más o menos **30**
peuple pueblo *m*
peur miedo *m*; **avoir peur (de)** tener miedo (de)
peut-être quizá, tal vez
phare *(tour)* faro *m*; *(de véhicule)* luz *f*
pharmacie farmacia *f*
pharmacie de garde farmacia *f* de guardia
photo foto *f*; **prendre en photo** sacar una foto de; **prendre une photo/des photos** sacar una foto/fotos **118**
photocopie fotocopia *f*
phrase frase *f*
pièce *(monnaie)* moneda *f* **131**; *(lieu)* habitación *f*
pièce de rechange pieza *f* de recambio
pièce de théâtre obra *f* de teatro
pied pie *m*; **à pied** andando **32**
pierre piedra *f*
piéton *(n)* peatón *m*
pigeon paloma *f*
pile pila *f*; **3h pile** las tres en punto
pilule píldora *f*; **prendre la pilule** tomar la píldora **138**
pilule du lendemain píldora *f* del día siguiente
piment pimiento *m*
pince à épiler pinzas *fpl* de depilar
pipe pipa *f*
pipi: faire pipi hacer pis
pique-nique picnic *m*
pique-niquer ir de picnic
piquer pinchar; *(insecte)* picar **137**
piqûre *(injection)* inyección *f*; *(d'insecte)* picadura *f*
pire peor
piscine piscina *f*
piste cyclable pista *f* para bicicletas **102**
pizzeria pizzería *f*
place plaza *f* **42, 87**; **il n'y a plus de place** ya no hay sitio; *(billet de spectacle)* ya no hay entradas
place de parking plaza *f* de aparcamiento
plage playa *f*
plaie herida *f*
plaindre (se) quejarse
plaire gustar; **ça me/lui plaît** me/le gusta; **s'il te/vous plaît** por favor
plaisanter bromear
plan *(carte)* plano *m* **31, 45, 92**
planche à voile tabla *f* de wind-surf
planche de surf tabla *f* de surf
plante planta *f*
plaque électrique placa *f* eléctrica
plaqué: plaqué or/argent chapado en oro/plata
plastique plástico *m*
plat *(n) (récipient)* fuente *f*; *(mets)* plato *m*
plat *(adj)* plano; **eau plate** agua sin gas **67**
plat de résistance segundo plato *m*
plat du jour plato *m* del día
plâtre: avoir un plâtre ir escayo-lado
plein *(adj)* lleno
plein: *(adv)* **plein de** lleno de
plein: *(n)* **le plein (d'essence)** lleno **47**
pleurer llorar
pleuvoir llover; **il pleut** llueve
plombage empaste *m*
plombier fontanero *m*

plongée (sous-marine) buceo *m*; **faire de la plongée** bucear **102**
pluie lluvia *f*
plupart: la plupart (de) la mayoría (de)
plus más; **il n'y a plus de …** no queda/quedan …; **moi non plus** yo tampoco; **plus que** más que; **à plus tard !** ¡hasta luego!
plusieurs varios/as
plutôt más bien
pneu neumático *m*
poche bolsillo *m*
poêle sartén *f*
poignet puño *m*
poil pelo *m*
point punto *m*; **être sur le point de** estar a punto de; **à point** en su punto
point de repère punto *m* de referencia
pointure número *m*
poire pera *f*
poireau puerro *m*
pois chiches garbanzos *mpl*
poisson pescado *m*
poissonnerie pescadería *f*
poitrine pecho *m*
poivre pimienta *f*
poivron pimiento *m*
poli educado
police policía *f*
policier policía *mf*
pollution contaminación *f*
pommade pomada *f*
pomme manzana *f*
pomme de terre patata *f*
pompe à vélo bomba *f*
pompiers bomberos *mpl*
pont puente *m*
porc cerdo *m*
port puerto *m*
portable *(téléphone)* móvil *m* **134**; *(ordinateur)* portátil *m*
porte puerta *f*
portefeuille cartera *f*
porte-monnaie monedero *m*
porter llevar
portrait retrato *m*
Portugais(e) portugués *m*, portuguesa *f*
portugais portugués
Portugal Portugal *m*
possible posible **53**, **55**; **le plus tôt possible** lo antes posible
poste correos *m* **123**
poste restante lista *f* de correos
potable potable; **non potable** no potable
pot d'échappement tubo *m* de escape
poubelle cubo *m* de la basura **59**, **60**; **mettre à la poubelle** tirar a la basura
poudre polvo *m*
poule gallina *f*
poulet pollo *m*
poumon pulmón *m*
pour para **45**, **54**, **65**; **pour que** para que; **pour cent** por ciento
pourboire propina *f*
pourquoi ¿por qué?
pousser empujar
poussette cochecito *m*
pouvoir *(v)* poder **28**, **29**, **56**
pratique práctico
précédent anterior
préféré favorito
préférer preferir
premier primero

prendre coger; *(médicament, repas, douche, décision)* tomar; **ça prend 2 heures** tarda dos horas
prénom nombre (de pila)
préparer preparar
près (de) cerca (de)
présenter presentar; **je te présente ...** te presento a ...
préservatif preservativo *m*
presque casi
pressé: être pressé tener prisa **146**
pressing tintorería *f*
pression *(bière)* caña *f*; *(d'un pneu)* presión *f*
prêt listo; **être prêt** estar listo; **être prêt à** estar dispuesto a
prêter prestar **60**
prêtre sacerdote *m*
prévenir avisar
prévisions météo previsiones *fpl* meteorológicas **39**
prévoir *(activité)* tener pensado; *(temps)* prever **40**
prier: je t'en/vous en prie *(s'il te/vous plaît)* por favor; *(de rien)* no hay de qué
principal principal
printemps primavera *f*
prise *(électrique)* enchufe *m* **131**
privé privado
prix precio *m* **59**; *(récompense)* premio *m*
probablement probablemente
problème problema *m* **126**
procession procesión *f*
prochain próximo **45**, **93**; **à une prochaine !** ¡hasta otra!; **à la prochaine !** ¡hasta la próxima!
proche cercano
produit producto *m*
professeur profesor *m*, profesora *f*
profession profesión *f*
profiter de aprovechar
profond profundo
programme *(de télévision, des spectacles)* programación *f*
progrès: faire des progrès mejorar
promener (se) pasear; **aller se promener** ir a dar un paseo
promettre prometer
promotion promoción *f*
prononcer pronunciar
proposer proponer
propre limpio; *(particulier)* propio
propriétaire propietario
protéger proteger; **se protéger** protegerse
protestant protestante
prudent prudente
prune ciruela *f*
public *(n)* público *m*
public *(adj)* público
publicité publicidad *f*
puisque ya que
pull jersey *m*
pyjama pijama *m*

Q

quai *(de gare, de métro)* andén *m* **45**; *(de port)* muelle *m*
qualité calidad *f*; **de bonne qualité** de buena calidad
quand cuando; **quand même** de todos modos
quart cuarto *m*; **un quart d'heure** un cuarto de hora
quartier barrio *m*
que que; *(seulement)* solo; **que fais-tu ?** ¿qué haces?; **qu'est-ce que ... ?** ¿qué

... ?; **plus petit que** más pequeño que; **je pense que ...** pienso que ...
quel(le) *(devant un nom ou un adjectif)* ¿qué?; *(devant un verbe)* ¿cuál?; **quelle est la différence ?** ¿cuál es la diferencia?
quelque chose algo
quelquefois a veces
quelque part en algún sitio
quelques unos/as
quelques-uns algunos/as
quelqu'un alguien
queue *(file)* cola *f* **94**; **faire la queue** hacer cola
qui que
quitter dejar; **ne quittez pas** *(au téléphone)* no cuelgue
quoi que; **il n'y a pas de quoi** no hay de qué
quoique aunque

R

rabais descuento *m* **107**
raccourci atajo *m*
raconter contar
radiateur radiador *m*
radio *(transistor)* radio *f*; *(rayons X)* radiografía *f*
rage de dents dolor *m* de muelas
raide *(cheveux)* lacio
raisin uva *f*
raisins secs pasas *fpl*
randonnée senderismo *m* **100**; **faire de la/une randonnée** hacer senderismo/una excursión
ranger ordenar
rapatrier repatriar
rapide rápido
rappeler *(au téléphone)* volver a llamar **132**, **133**; **se rappeler** acordarse; **ça me rappelle ...** me recuerda ...
raquette raqueta *f*
rare escaso
rarement pocas veces
raser (se) afeitarse
rasoir maquinilla *f* (de afeitar)
rasoir électrique maquinilla *f* eléctrica
rater *(train, avion)* perder **43**
ravi encantado; **ravi de faire votre connaissance** encantado de conocerle
rayon *(d'un magasin)* sección *f* **110**, **111**
rayons X rayos *mpl* X
réalité: en réalité en realidad
récent reciente
réception *(d'un hôtel)* recepción *f*; *(sur portable)* cobertura *f* **134**; **à la réception** en recepción **58**
réceptionniste recepcionista *mf*
recette receta *f*
recevoir recibir
rechange: de rechange de recambio **59**
recharger *(portable)* cargar **134**
recommandé: en recommandé certificado
recommander recomendar **55**, **64**, **66**
reconnaître reconocer
reçu recibo *m* **109**, **138**
réduction rebaja *f* **42**, **93**
réfléchir pensar **112**
réfrigérateur frigorífico *m*
refuge refugio *m*
refuge de montagne refugio *m* de montaña
refuser (de) negarse (a)
regarder mirar; *(télévision)* ver

régime dieta *f*; **être au régime** estar a dieta
région región *f*; **dans la région** en la zona
règles regla *f*; **avoir ses règles** tener la regla
regretter lamentar
rein riñón *m*
reine reina *f*
rejoindre verse **36**, **85**
religieuse *(n)* monja *f*
religion religión *f*
remarquer observar
rembourser devolver el dinero
remercier dar las gracias
remontées mécaniques remontes *mpl*
remparts murallas *fpl*
remplir llenar; *(formulaire)* rellenar **53**, **143**
rencontrer *(par hasard)* encontrar; *(faire la connaissance de)* conocer; **se rencontrer** *(par hasard)* encontrarse; *(faire la connaissance de)* conocerse
rendez-vous cita *f*; **prendre un rendez-vous** pedir cita **136**; **se donner rendez-vous** quedar; **avoir rendez-vous (avec)** quedar (con); *(médecin)* tener hora (con) **137**
rendre devolver
renseignement información *f* **92**; **les renseignements** información *f*
rentrer *(à la maison)* volver a casa
renverser: se faire renverser ser atropellado
réparer arreglar; **faire réparer** llevar a arreglar
repas comida *f*
repasser *(vêtement)* planchar
répéter repetir **28**, **130**
répondeur contestador *m*
répondre contestar
réponse respuesta *f*
reposer (se) descansar
réservé reservado
réserver reservar **42**, **53**, **54**, **65**, **87**
ressembler à parecerse a **30**; **se ressembler** parecerse
restaurant restaurante *m*
reste: le reste el resto
rester quedarse **42**, **55**, **112**; **est-ce qu'il reste des places ?** ¿quedan plazas?
retard retraso **43**; **en retard** tarde **146**
retardé retraso
retirer: retirer de l'argent sacar dinero
retour vuelta *f*; **être de retour** volver **132**, **151**
retrait des bagages recogida *f* de equipajes
retraite jubilación *f*; **être à la retraite** estar jubilado **34**
retraité *(adj & n)* jubilado
retrouver (se) *(rendez-vous)* verse, quedar **85**, **89**
réunion reunión *f*
rêve sueño *m*
réveil despertador *m*
réveiller despertar; **se réveiller** despertarse
revenir volver
rêver (de) soñar (con)
revoir (se) volver a verse **90**
revoir: *(n)* **au revoir** adiós
revue revista *f*
rez-de-chaussée planta *f* baja
rhum ron *m*
rhumatismes reúma *m*
rhume: j'ai attrapé un rhume me he resfriado
rhume des foins alergia *f* al polen

riche rico
rien nada
rire reírse
risque riesgo *m*
risquer: il risque de pleuvoir es posible que llueva
rivière río *m*
riz arroz *m*
robe vestido *m*
robinet grifo *m*
rocher roca *f*
roi rey *m*
rollers patines *mpl*
romantique romántico
rond-point rotonda *f*
ronfler roncar
rose *(n) (fleur)* rosa *f*
rose *(adj) (couleur)* rosa
roue rueda *f*
roue de secours rueda *f* de repuesto
rouge rojo
rouge à lèvres barra *f* de labios
route carretera *f*
rouvrir volver a abrir
roux pelirrojo
Royaume-Uni Reino *m* Unido
rue calle *f*
rue piétonne calle *f* peatonal
rugby rugby *m*
ruines ruinas *fpl*; **en ruines** en ruinas

S

sa su
sable arena *f*
sac bolso *m*
sac à dos mochila *f*
sac à main bolso *m* de mano
sac de couchage saco *m* de dormir
sachet *(de thé)* sobre *m*
sac plastique bolsa *f* de plástico **108**
sac poubelle bolsa *f* de basura
sage bueno
saignant *(viande)* poco hecho
saigner sangrar
saison *(de train, de métro)* estación *f*; *(époque)* temporada *f*
salade ensalada *f*
salaud cabrón *m*
sale sucio
salé salado
salir ensuciar; **se salir** ensuciarse
salle sala *f*
salle de bains cuarto *m* de baño
salle de cinéma sala *f* de cine
salle de concert sala *f* de conciertos
salon salón *m*
salut ! *(bonjour)* ¡hola!; *(au revoir)* ¡hasta luego!
samedi sábado *m*
sandales sandalias *fpl*
sandwich bocadillo *m*
sang sangre *f*
sans sin
santé salud *f*; **être en bonne/mauvaise santé** estar bien/mal de salud; **santé !** ¡salud!
sardine *(poisson)* sardina *f*; *(de tente)* piqueta *f*
sauce salsa *f*
saucisse salchicha *f*
saucisson salchichón *m*
sauf excepto
saumon salmón *m*
sauvage salvaje
sauvegarder *(sur ordinateur)* guardar
savoir saber **38**
savon jabón *m*
scandaleux escandaloso

scooter scooter *m*
Scotch® celo® *m*
sec seco
sèche-cheveux secador *m* de pelo
sécher secar; **faire sécher** *(linge)* tender la ropa
sécheresse sequía *f*
seconde *(n)* segundo *m*
secours socorro *m*; **au secours !** ¡socorro!; **appeler au secours** pedir socorro
secret secreto *m*
secrétaire secretaria *f*
sécurité seguridad *f*; **en sécurité** seguro
sein pecho *m*
séjour estancia *f*
sel sal *f*
semaine semana *f*; **en semaine** entre semana
sens *(direction)* dirección *f*; *(signification)* sentido *m*; **avoir le sens de l'orientation/de l'humour** tener sentido de la orientación/del humor
sensible sensible
sentier sendero *m* **100**
sentir *(percevoir)* notar; *(dégager une odeur)* oler; **sentir bon/mauvais** oler bien/mal; **se sentir** sentirse; **se sentir bien/mal** encontrarse bien/mal **137**
séparément por separado
séparer separar; **se séparer** separarse
septembre septiembre
sérieux serio
serré estrecho
serrure cerradura *f*
serveur(euse) camarero *m*, camarera *f*
service: rendre un service hacer un favor; **service compris** servicio *m* incluido
serviette *(de toilette)* toalla *f*; *(de table)* servilleta *f*
serviette hygiénique compresa *f*
servir à servir para; **se servir de** utilizar
ses sus
seul solo; **un seul** un solo
seulement solo
sexe sexo *m*
shampooing champú *m*
shopping compras *fpl*; **aller faire du shopping** ir de compras
short shorts *mpl*
si si
sida sida *m*
siècle siglo *m*; **au XIXe siècle** en el siglo diecinueve
sien: le sien/la sienne (el) suyo, (la) suya *(voir grammaire)*
sieste siesta *f*; **faire la sieste** dormir la siesta
signer firmar **110**
signifier significar
silence silencio *m*
simple sencillo
sinon si no
sirop *(médicament)* jarabe *m*
site Internet sitio *m* web
situation situación *f*
ski esquí *m* **101**; **faire du ski** esquiar
ski nautique esquí *m* náutico
slip *(d'homme)* slip *m*; *(de femme)* bragas *fpl*
slip de bain bañador *m*
société sociedad *f*
sœur hermana *f*
soie seda *f*
soif: avoir soif tener sed
soir noche *f*; **ce soir** esta noche; **le soir** por la noche

soirée *(soir)* noche *f*; *(fête)* fiesta *f* **88**; **dans la soirée** por la noche
sol suelo *m*
soldes rebajas *f*; **en soldes** rebajado
soleil sol *m*; **au soleil** al sol
sommeil sueño *m*; **avoir sommeil** tener sueño
sommet cima *f*
somnifère somnífero *m*
son su
sortie salida *f*; *(d'un film)* estreno *m*
sortie de secours salida *f* de emergencia
sortir salir; *(film)* estrenarse; **sortir avec quelqu'un** salir con alguien; **sortir les poubelles** sacar la basura
souci: se faire du souci preocuparse
souffrir sufrir
souhait deseo *m*; **à tes/vos souhaits !** ¡Jesús!
soûl borracho
soupe sopa *f*
sourd sordo
sourire *(n)* sonrisa *f*
sourire *(v)* sonreír
souris ratón *m*
sous debajo de, bajo
sous-titré subtitulado
sous-vêtements ropa *f* interior
soutien-gorge sujetador *m*
souvenir *(n)* recuerdo *m*; **en souvenir de** como recuerdo de
souvenir: *(v)* **se souvenir (de)** acordarse (de)
souvent a menudo; **pas souvent** pocas veces
sparadrap esparadrapo *m*
spécial especial
spécialité especialidad *f*
spectacle espectáculo *m* **86**
sport deporte *m*
sportif *(adj)* deportista
stade estadio *m*
stage curso *m*; *(de formation)* cursillo *m*
stand stand *m*
standardiste telefonista *mf*
station estación *f*
station de ski estación *f* de esquí
station-service gasolinera *f* **46**
statue estatua *f*
steak filete *m*
stérilet DIU *m*
stop stop *m* **48**; **faire du stop** hacer autoestop
stressé estresado
studio *(appartement)* estudio *m*
style estilo *m*
stylo bolígrafo *m*
sucre azúcar *m*
sucré dulce
sud sur *m*; **au sud (de)** al sur (de)
suffire bastar; **ça suffit** basta; **il suffit de …** basta con …
suivant siguiente
suivre seguir **142**; **faire suivre** remitir **123**
super *(génial)* súper; *(essence)* súper *f*
supermarché supermercado *m*
supplément suplemento *m*
supplémentaire suplementario
supporter aguantar; **je ne supporte pas …** no aguanto …
suppositoire supositorio *m*
sur sobre
sûr seguro; **(ne pas) être sûr** (no) estar seguro; **bien sûr** por supuesto
surf surf *m*
surfer hacer surf; *(sur Internet)* navegar

surgelé congelado; **les surgelés** los congelados
surnom apodo *m*
surprise sorpresa *f*
surveiller vigilar **142**
sympa majo
sympathique simpático
synagogue sinagoga *f*
syncope síncope *m* **138**

T

ta tu
tabac *(à fumer)* tabaco *m*; *(magasin)* estanco *m*
table mesa *f* **65**
tableau *(d'art)* cuadro *m*
tache mancha *f*
taie d'oreiller funda *f* de almohada
taille *(d'un vêtement)* talla *f*; *(d'un objet)* tamaño *m*; *(partie du corps)* cintura *f*
talon: chaussures à talons zapatos *mpl* de tacón
tampon *(hygiénique)* tampón *m*
tante tía *f*
taper *(à l'ordinateur)* teclear
tapis alfombra *f*
tapis de sol colchoneta *f*
tard tarde; **à plus tard** hasta luego
tarif tarifa *f*; **plein tarif** tarifa normal
tarif réduit tarifa *f* reducida
tarte tarta *f*
tasse taza *f*
taxe tasa *f*; **hors taxes** libre de impuestos
taxe d'aéroport tasas *fpl* de aeropuerto
taxi taxi *m* **47**
te te
tee-shirt camiseta *f*
téléphone teléfono *m* **129**
téléphone portable teléfono *m* móvil **134**
téléphoner (à) llamar por teléfono (a)
télésiège telesilla *m*
télévision televisión *f*
température temperatura *f*; **prendre sa température** tomarse la temperatura
tempête tormenta *f*
temple templo *m*
temporaire temporal
temps tiempo *m* **40**; **tout le temps** todo el tiempo; **de temps en temps** de vez en cuando; **ces derniers temps** últimamente; **avoir le temps de** tener tiempo para
tenir sujetar
tennis *(sport)* tenis *m*; *(chaussures)* zapatillas *fpl* deportivas
tension tensión *f*
tente tienda *f*
terminal terminal *f*
terrain campo *m*
terrain de camping terreno *m* de camping
terrain de foot campo *m* de fútbol
terrain de sport campo *m* de deportes
terrain de tennis pista *f* de tenis
terrasse terraza *f*; **en terrasse** en la terraza
terre tierra *f*; **par terre** en el suelo; **la Terre** la Tierra
terrible terrible; **pas terrible** nada del otro mundo
tes tus
tête cabeza *f*
thé té *m*
théâtre teatro *m*
thermomètre termómetro *m*
thermos® termo *m*

thon atún *m*
ticket entrada f **86, 93**
ticket de caisse ticket *m* de compra
tiède tibio
tien: le tien/la tienne (el) tuyo, (la) tuya *(voir grammaire)*
timbre sello *m* **123**
timide tímido
tire-bouchon sacacorchos *m*
tire-fesses percha *f*
tirer sacar; **tirer de l'argent** sacar dinero
tisane infusión *f*
tissu tejido *m*
toi tú *(voir grammaire)*
toilettes servicios *mpl*; **toilettes pour hommes/femmes** caballeros/ señoras
tomate tomate *m*
tomber caer; **tomber malade** ponerse enfermo; **laisser tomber** abandonar
ton tu
tongs chanclas *fpl*
torchon trapo *m*
tordre: je me suis tordu la cheville me he torcido el tobillo **138**
tôt temprano
toucher tocar; *(de l'argent)* cobrar
toujours siempre
tour: c'est à ton tour de jouer te toca jugar
touriste turista *mf*
touristique turístico
tournée: c'est ma tournée esta ronda es mía
tourner girar
tous todos/as; **tous les deux** los dos; **tous les jours** todos los días
tousser toser
tout(e) todo/a; **tout le temps** todo el tiempo; **tout le monde** todo el mundo; **toute la journée** todo el día; **tout de suite** enseguida; **tout droit** todo recto
toutes *voir* **tous**
toux tos *f*; **avoir de la toux** tener tos
tradition tradición *f*
traditionnel tradicional
traduire traducir
train tren *m* **45**
tramway tranvía *m*
tranche loncha *f* **110**
tranquille tranquilo; **laissez-moi tranquille !** ¡déjeme en paz!
transpirer sudar
travail trabajo *m*
travailler trabajar; **travailler dans** trabajar en **34**
travaux obras *fpl*
traveller's cheques cheques *mpl* de viaje
travers: à travers a través de
traverser *(rue)* cruzar
très muy
triste triste
tromper (se) equivocarse **31, 134**
trop demasiado; **trop de** demasiado/a, demasiados/as
trou agujero *m*
trousse de toilette bolsa *f* de aseo
trouver encontrar **37**; **je trouve ça difficile** me parece difícil
truc cosa *f*
tu tú
tuer matar
tupperware® tupperware *m*
TVA IVA *m*
type *(sorte, homme)* tipo *m*
typique típico

U

un *(chiffre)* uno *m*
un(e) *(article)* un, una *(voir grammaire)*
union: l'Union européenne la Unión Europea
urgence urgencia *f*; **en cas d'urgence** en caso de emergencia; **appeler les urgences** llamar a urgencias
urgent urgente **142**
utile útil
utiliser utilizar

V

vacances vacaciones *fpl*; **en vacances** de vacaciones **36**; **passer les vacances à …** pasar las vacaciones en …
vacciner: être vacciné contre estar vacunado contra **139**
vache vaca *f*
vague *(n)* ola *f*
vaisselle: faire la vaisselle fregar los platos
valable (pour) válido (para)
valise maleta *f*; **faire ses valises** hacer la maleta
vallée valle *m*
valoir valer; **ça vaut …** vale …; **il vaut mieux …** es mejor… **39**
vanille vainilla *f*
veau *(viande)* ternera *f*
végétarien *(adj & n)* vegetariano
vélo bici *f*
vendeur(euse) vendedor *m*, vendedora *f*
vendre vender; **à vendre** se vende
vendredi viernes *m*
venir venir; **je viens de Paris** vengo de París; **je viens d'arriver** acabo de llegar
vent viento *m*
ventilateur ventilador *m*
ventre vientre *m*
vérifier comprobar
verre vaso *m*; **verre d'eau** vaso de agua; **boire un verre** tomar una copa **64**
verrou cerrojo *m*
vers *(en direction de)* hacia; *(environ)* sobre
version: en version originale en versión *f* original
vert verde
veste chaqueta *f*
vestiaire guardarropa *m*
vêtement prenda *f*; **vêtements** ropa *f*
vétérinaire veterinario *m*, veterinaria *f*
veuf, veuve viudo *m*, viuda *f*
vexé ofendido
viande carne *f*
viande hachée carne *f* picada
vide vacío
vie vida *f*
vieux *(personne)* mayor; *(chose)* viejo
villa chalé *m*
village pueblo *m*
ville ciudad *f*; **vieille ville** casco *m* viejo
vin vino *m*; **vin blanc/rouge/rosé** vino blanco/tinto/rosado
vinaigre vinagre *m*
vinaigrette vinagreta *f*
viol violación *f*
violet morado
virement *(bancaire)* transferencia *f* **121**
visa visado *m*
visite visita *f*; **rendre visite à** visitar a
visite guidée visita *f* guiada **93**

visiter visitar 92
vite deprisa
vitesse velocidad *f*; **à toute vitesse** a toda velocidad
vitraux vidrieras *fpl*
vitre cristal *m*
vitrine: en vitrine en el escaparate 111
vivant vivo
vivre vivir
vœux: meilleurs vœux felicidades *fpl*
voile *(bateau à voile)* vela *f*
voir ver
voisin(e) vecino *m*, vecina *f*
voiture coche *m*; *(d'un train)* vagón *m*; **en voiture** en coche 32
voix voz *f*; **à voix haute/basse** en voz alta/baja
vol *(criminel)* robo *m*; *(d'avion)* vuelo *m*
volaille aves *fpl*
voler *(dérober)* robar 142; *(dans l'air)* volar
voleur ladrón *m*
volley(-ball) vóleibol *m*
vomir vomitar
vos vuestros/as; sus *(voir grammaire)*
votre vuestro/a; su *(voir grammaire)*
vôtre: le/la vôtre (el) vuestro, (la) vuestra; (el) suyo, (la) suya *(voir grammaire)*
vouloir querer; **je voudrais …** quisiera …; **ça veut dire …** quiere decir …
vous vosotros/as, usted, ustedes *(voir grammaire)*
voyage viaje *m* 42; **bon voyage !** ¡buen viaje!;
voyage de noces viaje *m* de novios
voyage organisé viaje *m* organizado
voyager viajar 111
voyelle vocal *f*
vrai verdadero
vraiment realmente
VTC bicicleta *f* de paseo
VTT bicicleta *f* de montaña
vue vista *f*; **vue sur mer** vistas al mar

W

walkman® walkman *m*
W-C váter *m*
week-end fin *m* de semana
whisky whisky *mpl*

Y

y: il y a hay
yaourt yogur *m*
yeux ojos *mpl*

Z

zéro cero *m*
zoo zoo *m*
zoom zum *m*

Dictionnaire espagnol-français

A

a à, en; **a dos kilómetros/las tres** à 2 km/3h; **voy a París/a la estación** je vais à Paris/à la gare; **voy a Francia** je vais en France
abadía abbaye
abajo en bas
abeja abeille
abierto ouvert
abono carnet de tickets
abrebotellas ouvre-bouteilles
abrelatas ouvre-boîtes
abrigo manteau
abril avril
abrir ouvrir
abuelo(a) grand-père, grand-mère
abuelos grands-parents
aburrido ennuyeux
aburrirse s'ennuyer
acabar terminer; **acabo de llegar** je viens d'arriver
acantilado falaise
acaso: por si acaso au cas où
acceso accès
accidente accident
aceite huile
aceite de oliva huile d'olive
aceitunas olives
acento accent
aceptar accepter
acompañar accompagner
aconsejar conseiller
acordarse (de) se souvenir (de)
acostarse se coucher
acostumbrado habitué; **estar acostumbrado (a)** avoir l'habitude (de)
acuerdo: de acuerdo d'accord
adelantado: por adelantado d'avance
adiós au revoir
admitir accepter
adolescente adolescent
adonde où; **¿adónde vas?** où vas-tu ?
aduana douane
adulto adulte
aeropuerto aéroport
afeitarse se raser
afortunadamente heureusement
afueras banlieue
agencia agence
agosto août
agotado épuisé
agradable agréable
agua eau
aguacate avocat
aguantar supporter
aguja aiguille
agujero trou
ahí là
ahora maintenant
aire air; **al aire libre** en plein air
aire acondicionado air conditionné
ajedrez échecs
ajo ail
albaricoque abricot
albergue juvenil auberge de jeunesse
alcohol alcool
alemán, alemana Allemand(e)
Alemania Allemagne
alergia allergie
alérgico allergique
alfabeto alphabet
alfombra tapis
algo quelque chose
algodón coton
alguien quelqu'un

algún, alguna quelque; **en algún sitio** quelque part
algunos(as) certains, certaines, quelques-uns, quelques-unes
allí là, là-bas
almacén magasin; **grandes almacenes** grand magasin
almendra amande
almohada oreiller
almorzar déjeuner (v)
almuerzo déjeuner (n)
alojar héberger
alquilar louer
alquiler location, loyer
alrededores: en los alrededores dans les environs
alto haut, grand
amable gentil
amarillo jaune
ambiente ambiance
ambulancia ambulance
americano(a) Américain(e)
amigo(a) ami(e)
amor amour
ampolla ampoule
ancho large
andando à pied
andar marcher
andén quai
angina angine
anillo bague
¡ánimo! bon courage !
aniversario de boda anniversaire de mariage
anoche hier soir
año an, année; **¿cuántos años tienes?** quel âge as-tu ?
anteayer avant-hier
antelación: con antelación à l'avance
anterior précédent
antes avant; **antes de** avant; **antes de la hora** en avance
antibiótico antibiotique
anticonceptivo contraceptif
antiguo ancien
apagar éteindre
aparato appareil
aparcar se garer
apartamento appartement
apasionante passionnant
apellido nom de famille
apenas à peine
apendicitis appendicite
aperitivo apéritif
apetecer: ¿te apetece? ça te dit ?
apodo surnom
aprender apprendre
apretar appuyer (sur)
aprovechar profiter de
aproximadamente environ
apuntar noter
apuntarse s'inscrire, être partant
aquel, aquella ce, cette, celui-là, celle-là
aquellos(as) ces, ceux-là, celles-là
aquí ici; **por aquí** dans le coin
araña araignée
árbol arbre
arena sable
arreglar réparer; **llevar a arreglar** faire réparer
arriba en haut, là-haut
arroz riz
arte art
artesanal artisanal
asado cuit au four, grillé
asar (faire) cuire au four, (faire) griller
ascensor ascenseur
aseos toilettes
asiento place

así que donc
asma asthme
aspiradora aspirateur
aspirina aspirine
asqueroso horrible
atajo raccourci
ataque de apendicitis crise d'appendicite
atascado coincé
atasco embouteillage
Atlántico océan Atlantique
atreverse (a) oser
atropellado: ser atropellado se faire renverser
atún thon
audioguía audiophone
aun même
aún encore
aunque bien que, même si
autobús autobus
autoestop stop; **hacer autoestop** faire du stop
autopista autoroute
autovía autoroute
avellana noisette
avenida avenue
avería panne
aves volaille
avión avion; **por avión** par avion
avisar prévenir
avispa guêpe
ayer hier; **ayer por la mañana/por la noche** hier matin/soir
ayuda aide
ayudar aider
ayuntamiento mairie
azúcar sucre
azul bleu

B

bailar danser
baile danse
bajar descendre
bajo (adj) bas
bajo (adv) doucement
balcón balcon
balón ballon
baloncesto basket
balonmano handball
banco banque, banc
bandera drapeau
bañador maillot de bain
bañarse se baigner
baño bain, salle de bains
bar bar
barato bon marché
barba barbe
barbacoa barbecue
barco bateau
barra de pan baguette
barrio quartier
basílica basilique
bastante assez; **bastante bien** pas mal; **bastante(s)** assez de
bastar suffire; **basta** ça suffit; **basta con …** il suffit de …
bastón de esquí bâton de ski
bastoncillo de algodón coton-tige®
basura ordures
batería batterie
bebé bébé
beber boire
bebida boisson
belga Belge
Bélgica Belgique
berenjena aubergine
beso bise; **dar un beso** embrasser
biberón biberon
bici vélo
bicicleta bicyclette

bien bien
¡bienvenido! bienvenue !
bigote moustache
billete billet, ticket
blanco blanc; **blanco y negro** noir et blanc
bloqueado bloqué
boca bouche
bocadillo sandwich
boda mariage
bodega bar à vin, marchand de vin
bogavante homard
bola boule
bolígrafo stylo
bolsa sac
bolsa de basura sac poubelle
bolsillo poche
bolso sac
bomba pompe à vélo
bomberos pompiers
bombilla ampoule
bombona de gas bouteille de gaz
bonito (adj) joli
bonito (n) thon
borracho soûl
borroso flou
bosque bois
botas bottes
botas de esquiar chaussures de ski
botas de montaña chaussures de marche
botella bouteille
botón bouton
bragas culotte
brazo bras
brécol brocoli
broma blague
bronca bagarre; **echar una bronca** engueuler
bronquitis bronchite
buceo plongée (sous-marine)
bueno bon, sage
buey bœuf
bufanda écharpe
buscar chercher
buzón boîte aux lettres

C

caballeros hommes
caballo cheval
cabeza tête
cabina telefónica cabine téléphonique
cabra chèvre
cabrón salaud
caca crotte
cacahuetes cacahouètes
cada chaque; **cada vez/día** chaque fois/jour; **cada uno, cada una** chacun, chacune
cadena chaîne
caer tomber
café café
café con leche café crème, café au lait
café solo expresso
caja boîte, caisse
cajero (automático) distributeur (automatique)
calabacín courgette
calcetines chaussettes
calefacción chauffage
calidad qualité
caliente chaud
calle rue
calor chaleur; **hace calor** il fait chaud
calzoncillos caleçon (sous-vêtement)
cama lit; **cama individual/de matrimonio** lit simple/double
cámara caméra
cámara (de fotos) appareil photo
cámara de aire chambre à air
camarero(a) serveur(euse)

cambiar changer
cambiarse se changer
cambio changement, monnaie
camino chemin
camión camion
camisa chemise
camiseta tee-shirt
camisón chemise de nuit
campo campagne, champ, terrain
cancelado annulé
cancelar annuler
canción chanson
cangrejo crabe
canguro baby-sitter
cansado fatigué, fatigant
cantar chanter
cantimplora gourde
caña (bière à la) pression
capaz capable
capilla chapelle
cápsula gélule
cara visage
caramelo bonbon
caravana caravane, embouteillage
cardenal bleu
cargar recharger
caries carie
carne viande; **carne picada** viande hachée
carné de conducir permis de conduire
carné de estudiante carte d'étudiant
carnicería boucherie
caro cher
carpeta chemise (de carton)
carrete pellicule
carretera route
carta carte, lettre
cartel affiche
cartera portefeuille
cartero facteur
casa maison; **en casa de** chez; **en mi casa** chez moi; **en casa** à la maison
casa de huéspedes pension
casa rural chambre d'hôtes
casado marié
casco casque
casco viejo vieille ville
casero (fait) maison
casi presque
caso cas; **en caso de ...** en cas de ...
castillo château
casualidad: por casualidad par hasard
catarro rhume
catedral cathédrale
católico catholique
causa: a causa de à cause de
cebolla oignon
cementerio cimetière
cena dîner (n)
cenar dîner (v)
cenicero cendrier
centro centre
centro ciudad centre-ville
cepillo brosse
cepillo de dientes brosse à dents
cerca (de) près (de)
cercano proche
cerdo porc
cereza cerise
cerilla allumette
cero zéro
cerrado fermé
cerrar fermer
certificado en recommandé
cerveza bière
chalé maison de campagne
champán champagne
champiñones champignons
champú shampooing
chanclas tongs

chándal survêtement (de sport)
chaqueta veste
cheque de viaje traveller's cheque
chica fille
chicle chewing-gum
chico garçon
chimenea cheminée
chino chinois
chiste blague
chocolate chocolat
chocolate con leche chocolat au lait
chubasquero K-way®
chuleta côtelette
ciclomotor mobylette®
ciego aveugle
cielo ciel
cierto: por cierto, ... au fait, ...
cigarrillo cigarette
cine cinéma
cinta cassette
cintura taille
cinturón ceinture
cinturón de seguridad ceinture de sécurité
circo cirque
ciruela prune
cisterna chasse d'eau
cita rendez-vous; **pedir cita** prendre un rendez-vous; **tener cita** avoir rendez-vous
ciudad ville
claro clair
clase classe, cours; **primera/segunda clase** première/deuxième classe
clásico classique
clima climat
cobertura réception
cobre cuivre
cocer (faire) cuire
coche voiture
cochecito poussette
cocido pot-au-feu
cocina cuisine
cocinar faire la cuisine
código postal code postal
coger prendre, attraper
col chou
cola queue; **hacer cola** faire la queue
colchón matelas
colchón neumático matelas pneumatique
colchoneta tapis de sol
colegio école, collège
colesterol cholestérol
coliflor chou-fleur
colina colline
collar collier
color couleur
comer manger, déjeuner
comida nourriture, repas, déjeuner
comisaría commissariat
como comme, comment; **¿cómo?** comment ?; **tan grande como** aussi grand que
cómodo confortable
compañía aérea compagnie aérienne
compartimiento compartiment
compartir partager
completamente complètement
completo complet; **por completo** en entier
complicado compliqué
comprar acheter
compras courses; **ir de compras** faire des/les courses
compresa serviette hygiénique
comprimido comprimé
comprobar vérifier
con avec
concierto concert

condón capote
conducir conduire
conejo lapin
conexión correspondance
conferencia conférence
confianza confiance
confiar (en) avoir confiance (en)
confirmar confirmer
congelado surgelé
congelador congélateur
conmigo avec moi
conocer connaître, rencontrer; **conocerse** se connaître, se rencontrer
conocido connu
conocimientos connaissances
conseguir arriver à
consejo conseil; **pedir consejo (a)** demander conseil (à)
conservar conserver
consonante consonne
construido construit
consulado consulat
consulta (médica) cabinet médical
consumir consommer
contacto contact; **seguir en contacto** rester en contact; **ponerse en contacto (con)** contacter
contado: pagar al contado payer comptant
contagioso contagieux
contaminación pollution
contar raconter, compter; **contar con** compter sur
contemporáneo contemporain
contento content
contestador répondeur
contestar répondre
contigo avec toi
contra contre
contrario contraire; **al contrario** au contraire
contrato contrat
copa verre
copia copie, double
corazón cœur
corbata cravate
cordero agneau
cordones lacets
correo courrier, poste; **correos** poste
correo electrónico e-mail
correspondencia correspondance, changement
cortado noisette (café)
cortar couper
cortarse se couper
corto court
cosa chose
costa côte
costar coûter; **¿cuánto cuesta?** combien ça coûte ?
costilla côte
costumbre habitude
crecer grandir
creer croire
crema crème
crisis crise
cristal verre, vitre
crucero croisière
crudo cru
cruz croix
cruzar traverser
cuaderno cahier
cuadro tableau
cuál quel, quelle
cualquier(a) n'importe quel, n'importe quelle
cuando quand; **¿cuándo?** quand ?
cuanto: en cuanto dès que

cuánto combien; **¿cuánto cuesta?** combien ça coûte ?; **¿cuánto tiempo/cuántas copas?** combien de temps/verres ?; **¿desde hace cuánto?** depuis combien de temps ?
cuarto quart
cuarto de baño salle de bains
cubierto couvert
cubito glaçon
cubo de basura poubelle
cucaracha cafard
cuchara cuillère, cuillère à soupe
cucharilla cuillère à café
cuchillo couteau
cuello cou
cuenta addition
cuenta bancaria compte bancaire
cuero cuir
cuerpo corps
cuidado: ¡cuidado! attention !; **tener cuidado** faire attention
culo fesses
cumpleaños anniversaire; **¡feliz cumpleaños!** bon anniversaire !
cuñado(a) beau-frère, belle-sœur
cura curé
curarse guérir
curro boulot
cursillo stage (de formation)
curso stage
cuyo/a/os/as dont

D

dado dé
dar donner
datar (de) dater (de)
de de
debajo dessous; **debajo de** sous, en dessous de
deber devoir; **debería …** vous devriez …
débil faible
decepcionado déçu
decepcionante décevant
decidir décider
decir dire; **¿cómo se dice … ?** comment dit-on … ?; **querer decir** vouloir dire
declarar déclarer
dedo doigt
defenderse se débrouiller
dejar laisser; **dejar en paz** laisser tranquille; **dejar de** arrêter de
delante (de) devant
deletrear épeler
delgado mince
delicioso délicieux
demás: los demás les autres
demasiado trop; **demasiada lluvia** trop de pluie
dentista dentiste
dentro dedans, à l'intérieur; **dentro de una hora** dans une heure
denuncia plainte
depender: depende (de) ça dépend (de)
deporte sport
deportista sportif
depósito caution
deprimido déprimé
deprisa vite
derecha droite; **a la derecha (de)** à droite (de)
derecho (n) droit
desafortunadamente malheureusement
desagradable désagréable
desayunar prendre le petit-déjeuner
desayuno petit-déjeuner

descafeinado déca
descansar se reposer
desconocido inconnu
describir décrire
descubrir découvrir
descuento rabais
desde depuis, dès; **desde que** depuis que
deseo souhait
deshinchado dégonflé
desierto désert
desinfectar désinfecter
desmayarse s'évanouir
desnudo nu
desodorante déodorant
despacio lentement
despedirse (de) dire au revoir (à)
despegar décoller
despertador réveil
despertar réveiller; **despertarse** se réveiller
despierto réveillé
después (de) après
destinatario destinataire
detergente lessive
detrás (de) derrière
devolver rendre, rembourser
día jour, journée; **buenos días** bonjour
diabetes diabète
diapositiva diapositive
diarrea diarrhée
dibujo dessin
diccionario dictionnaire
diciembre décembre
diente dent
dieta régime
diferencia horaria décalage horaire
diferente (de) différent (de)
difícil (de) difficile (à)
¿dígame? allô
dinero argent
Dios Dieu
dirección direction, sens, adresse
directo direct
disco disque
discoteca discothèque
disculparse s'excuser
dispuesto prêt
disquete disquette
distinto différent
divertido amusant
divertirse s'amuser
divorciado divorcé
DNI carte d'identité
doblado doublé
doble double
doce: las doce (mediodía)/(de la noche) midi/minuit
documentación papiers (d'identité)
documento document
doler faire mal; **me duele** ça me fait mal; **me duele la cabeza** j'ai mal à la tête
dolor de cabeza mal de tête
domingo dimanche
donde où; **¿dónde?** où ?; **¿de dónde vienes?** d'où viens-tu ?
dormir dormir
droga drogue
ducha douche
ducharse prendre une douche
dudar hésiter
dulce doux, sucré
duración durée
durante pendant
durar durer
duro dur

E

echar jeter; **la echo de menos** elle me manque
edad âge
Edad Media Moyen-Âge
edificio bâtiment
edredón couette
educado poli
ejemplo exemple; **por ejemplo** par exemple
el le (voir grammaire)
él il, lui (voir grammaire)
electricidad électricité
eléctrico électrique
elegir choisir
ella elle (voir grammaire)
ellas elles (voir grammaire)
ellos ils, eux (voir grammaire)
embajada ambassade
embarazada enceinte
embarcar embarquer
embarque embarquement
embrague embrayage
embutidos charcuterie
emergencia urgence
empaste plombage
empezar commencer
empujar pousser
en dans, sur, à, en; **en París/la estación** à Paris/la gare; **en Francia/1995/español** en France/1995/espagnol; **en tres o cinco días** entre 3 et 5 jours
encantado ravi, enchanté
encantar: me encanta ... j'adore ...
encender allumer
enchufar brancher
enchufe prise (électrique)
encima de au-dessus (de), sur
encontrar trouver, rencontrer
encontrarse se rencontrer; **encontrarse mal** se sentir mal
enero janvier
enfadado en colère
enfermedad maladie
enfermera infirmière
enfermo malade
enfrente (de) en face (de)
¡enhorabuena! félicitations !
ensalada salade
enseguida tout de suite
enseñar montrer, enseigner, apprendre
entender comprendre
entero entier
entonces alors
entrada entrée, place, arrivée; **ya no hay entradas** il n'y a plus de places
entrar entrer
entre entre, parmi
entreacto entracte
enviar envoyer
equipaje bagages
equipo équipe, chaîne (hi-fi)
equivocarse se tromper
error erreur
es voir **ser**
escalada escalade
escalera escalier
escaparate vitrine
escribir écrire
escuchar écouter
escuela école
ese(a) ce, cette, celui-là, celle-là
esfuerzo effort
eso ça, cela
esos(as) ces, ceux-là, celles-là
espalda dos
España Espagne
español(a) Espagnol(e)

espárragos asperges
especia épice
especial spécial
especialidad spécialité
espectáculo spectacle
espejo miroir
esperar attendre, espérer
espinacas épinards
esponja éponge
esposo(a) époux, épouse
espuma de afeitar mousse à raser
esquí ski
esquiar faire du ski
esquina coin
estación station, gare, saison
estación de autobuses gare routière
estadio stade
estado état
Estados Unidos États-Unis
estancia séjour
estanco (bureau de) tabac
estar être (voir grammaire); **estoy bien** je vais bien
estatua statue
este est; **al este (de)** à l'est (de)
este(a) ce, cette, celui-ci, celle-ci
estilo style
esto ça, ceci
estómago estomac
estos(as) ces, ceux-ci, celles-ci
estrecho étroit, serré
estreno sortie (de film)
estreñido constipé
estresado stressé
estropeado abîmé
estropear abîmer, gâcher
estudiante étudiant
estudiar faire des études de
estudio studio
estudios études
estupendo formidable
estúpido idiot
Europa Europe
europeo européen
excelente excellent
excepcional exceptionnel
excepto sauf
exceso excédent
excursión excursion, randonnée
excusa excuse
éxito succès
explicar expliquer
exposición exposition
expresar exprimer
expresarse s'exprimer
extranjero étranger; **en el extranjero** à l'étranger

F

fácil (de) facile (à)
factura facture
facturación enregistrement
facturar enregistrer
falda jupe
falso faux
falta défaut, faute
faltar manquer; **(me) faltan dos …** il (me) manque 2 …
familia famille
famoso célèbre
farmacia pharmacie
favor service; **hacer un favor** rendre un service; **por favor** s'il te/vous plaît
favorito préféré
febrero février
fecha date
fecha de nacimiento date de naissance
¡felicidades! félicitations !, meilleurs vœux !

feliz heureux
feo moche
feria foire
festivo férié; día festivo jour férié
fianza caution
fiebre fièvre
fiesta fête, soirée
filete steak, filet
fin fin (n); por fin enfin
fin de semana week-end
final fin (n); al final (de) à la fin (de)
fino fin (adj)
firmar signer
flaco maigre
flecha flèche
flor fleur
folleto brochure
fondo fond; en el fondo de au fond de
fontanero plombier
forma forme; de todas formas de toute façon
foto photo
fotocopia photocopie
fractura fracture
frágil fragile
frambuesa framboise
francés, francesa Français(e)
Francia France
frase phrase
fregar los platos faire la vaisselle
freír (faire) frire
frenar freiner
freno frein
freno de mano frein à main
frente front
fresa fraise
fresco frais
frigorífico réfrigérateur
frío froid, frais; hace frío il fait froid
frito frit
frontera frontière
fruta fruit
fuego feu; ¿tienes fuego? tu as du feu ?
fuera dehors
fuera de servicio hors service
fuerte fort
fuga fuite
fumador fumeur; no fumador non-fumeurs
fumar fumer
funcionar marcher
fútbol football

G

gafas lunettes
gafas de sol lunettes de soleil
galería galerie
galleta biscuit
gamba crevette
ganar gagner
ganas: tener ganas de avoir envie de; no tengo muchas ganas je n'ai pas très envie
garantía garantie
garbanzos pois chiches
garganta gorge
gas gaz; agua con gas/sin gas eau gazeuse/plate
gaseosa limonade
gasolina essence; quedarse sin gasolina tomber en panne d'essence
gasolinera station-service
gastar dépenser
gato chat
gaviota mouette
gel de ducha gel douche
gemelos(as) jumeaux, jumelles
generalmente d'habitude
genial génial

gente gens; **la gente** les gens; **poca/mucha gente** peu de/beaucoup de monde
gilipollas con
ginebra gin
ginecólogo gynécologue
girar tourner
giro postal mandat international
gitano gitan
gordo gros
gorra casquette
gorro bonnet
gotas gouttes
grabar enregistrer
gracias merci; **muchas gracias** merci beaucoup; **no, gracias** non merci; **gracias a** grâce à
gracioso drôle
grado degré
gramática grammaire
gramos grammes
Gran Bretaña Grande-Bretagne
grande grand
granja ferme
grano bouton
graso gras
gratis gratuit
Grecia Grèce
griego(a) Grec, Grecque
grifo robinet
gripe grippe
gris gris
grupo groupe
guantes gants
guapo beau
guardar garder, sauvegarder
guardarropa vestiaire
guerra guerre
guía guide
guía telefónica annuaire
guisantes petits pois
guitarra guitare
gustar: me/le gusta ça me/lui plaît, j'aime/il aime bien; **me gustaría ...** j'aimerais ...
gusto goût; **¡mucho gusto!** enchanté !

H

habitación chambre, pièce; **habitación doble/individual** chambre pour deux personnes/pour une personne
hablar parler
hacer faire; **hace dos años** ça fait 2 ans
hachís haschich
hacia vers
hambre: tengo hambre j'ai faim
hamburguesa hamburger
harina farine
harto: estoy harto (de) j'en ai marre (de)
hasta jusqu'à; **hasta que** jusqu'à ce que; **¡hasta luego!** à tout à l'heure !; à plus tard !; salut !; **¡hasta mañana!** à demain !; **¡hasta otra!** à une prochaine !
hay il y a
hecho: bien hecho à point; **demasiado hecho** trop cuit; **poco hecho** saignant; **hecho a mano** fait main
helado glace
herida blessure
herido blessé
hermano(a) frère, sœur
hielo glace
hierba herbe
hígado foie
hija fille
hijo fils; **hijos** enfants, fils
hinchado enflé
historia histoire

hoja feuille
hojaldre pâte feuilletée
hola bonjour, salut, allô
Holanda Hollande
holandés, holandesa Hollandais(e)
hombre homme
hombro épaule
homosexual homosexuel
honrado honnête
hora heure
horario horaire
hormiga fourmi
horno four
hospital hôpital
hotel hôtel
hoy aujourd'hui; **hoy en día** de nos jours
hueso os
huevo œuf; **huevo duro/frito** œuf dur/sur le plat; **huevos revueltos** œufs brouillés
húmedo humide
humo fumée
humor humour, humeur

I

ida aller
ida y vuelta aller-retour
idea idée
idioma langue
idiota idiot
iglesia église
igual pareil; **es igual** ça ne fait rien; **me da igual** ça m'est égal
importante important
importar: no importa ça ne fait rien; **¿le importa si …?** ça vous dérange si … ?
impresión impression; **tener la impresión de que** avoir l'impression de
imprimir imprimer
incendio incendie
incluido compris
incluso même
increíble incroyable
independiente indépendant
infección infection
información information, renseignements
infusión tisane
Inglaterra Angleterre
inglés, inglesa Anglais(e)
inolvidable inoubliable
insecto insecte
insolación insolation
insomnio insomnie
instituto lycée
instrumento instrument
insulto insulte
inteligente intelligent
intentar essayer
interesante intéressant
intermitente clignotant
invierno hiver
invitar inviter
inyección piqûre
ir aller; **irse** s'en aller
isla île
Italia Italie
italiano(a) Italien(enne)
IVA TVA
izquierda gauche; **a la izquierda (de)** à gauche (de)

J

jabón savon
jamón jambon

Japón Japon
japonés, japonesa Japonais(e)
jarabe sirop
jardín jardin
jarra carafe
jefe chef, patron
jersey pull
¡Jesús! à tes/vos souhaits !
jodido foutu
joven jeune
joyas bijoux
joyería bijouterie
jubilado retraité, à la retraite
judías haricots
judías verdes haricots verts
judío juif
juego jeu
juerga fête; **estar de juerga** faire la fête
jueves jeudi
jugar jouer
juguete jouet
julio juillet
junio juin
juntos(as) ensemble
justo juste

K

kayac kayak
kilómetro kilomètre

L

la la(voir grammaire)
labio lèvre
lado côté; **al lado de** à côté de
ladrón voleur
lago lac
lamentar regretter
lámpara lampe
lana laine; **de lana** en laine
langosta langouste
lápiz crayon
largo long
las les (voir grammaire)
lástima: es una lástima c'est dommage
lata boîte de conserve
lavadora machine à laver
lavandería laverie
lavaplatos lave-vaisselle
lavar laver
lavarse se laver; **lavarse los dientes/el pelo** se laver les dents/les cheveux
lavavajillas liquide vaisselle
le le, lui, vous (voir grammaire)
leche lait; **leche desnatada/semi-desnatada/entera** lait écrémé/demi-écrémé/entier
lechuga laitue
leer lire
legumbres légumes secs
lejos (de) loin (de)
lengua langue
lentejas lentilles
lentillas lentilles (de contact)
les le, leur, vous (voir grammaire)
letra lettre
levantarse se lever
libre libre
librería librairie
libro livre
licor liqueur
ligar draguer
ligero léger
lima citron vert
limón citron
limpiar nettoyer
limpieza: hacer la limpieza faire le ménage
limpio propre
línea de metro ligne de métro

linterna lampe de poche
listo malin, prêt
litera couchette
litro litre
llamada appel
llamar appeler; **llamar por teléfono (a)** téléphoner (à); **me llamo ...** je m'appelle ...
llave clé
llegada arrivée
llegar arriver
llenar remplir
lleno plein, le plein (d'essence)
llevar porter, emmener; **para llevar** à emporter; **¿cuánto tiempo llevas aquí?** depuis combien de temps es-tu ici ?
llevarse: llevarse bien/mal (con) bien/mal s'entendre (avec)
llorar pleurer
llover pleuvoir; **llueve** il pleut
lluvia pluie
lo le (voir grammaire); **lo que** ce que
loco fou
loncha tranche
los les (voir grammaire)
lujo luxe
luna lune
luna de miel lune de miel
lunes lundi
Luxemburgo Luxembourg
luxemburgués, luxemburguesa Luxembourgeois(e)
luz lumière, phare

M

madera bois
madre mère
maduro mûr
magnífico magnifique
maíz maïs
majo sympa
mal mal, mauvais
maleducado malpoli
malentendido malentendu
maleta valise; **hacer la maleta** faire ses valises
maletero coffre
malísimo nul
malo mauvais, méchant
mañana (n) matin; **a las cinco de la mañana** à 5h du matin; **por la mañana** dans la matinée
mañana (adv) demain; **¡hasta mañana!** à demain !; **mañana por la mañana/por la noche** demain matin/soir
mancha tache
manera manière; **de todas maneras** de toute manière
manga manche
mano main; **de segunda mano** d'occasion
manta couverture
mantequilla beurre
manzana pomme
mapa carte
maquinilla (de afeitar) rasoir
mar mer
maravilloso merveilleux
marcha: tener marcha avoir la pêche; **hay mucha marcha** c'est très animé
marcharse partir
marea marée; **marea baja/alta** marée basse/haute
mareado: estoy mareado j'ai mal au cœur
margarina margarine
marido mari
mariscos fruits de mer
marrón marron
martes mardi

marzo mars
más plus; **más de/que** plus que; **más bien** plutôt; **más o menos** à peu près
matar tuer
matrícula numéro d'immatriculation
matricularse s'inscrire
máximo maximum
mayo mai
mayonesa mayonnaise
mayor âgé, (le) plus grand; **la mayor parte de** la plupart de
mayoría: la mayoría (de) la plupart (de)
me me (voir grammaire)
mechero briquet
medianoche minuit
medias collants
medicina médicament
médico médecin
medio demi, moyen; **media hora** demi-heure; **medio litro** un demi-litre; **dar media vuelta** faire demi-tour
medio milieu; **en medio (de)** au milieu (de)
mediodía midi
Mediterráneo Méditerranée
mejillones moules
mejor mieux, meilleur; **es mejor ...** il vaut mieux ...
mejorar faire des progrès
melocotón pêche
melón melon
memoria mémoire; **de memoria** par cœur
menos moins; **menos que** moins que; **por lo menos** au moins
mensaje message
mentira mensonge
menú menu
menudo: a menudo souvent
mercado marché
merienda goûter
mermelada confiture
mes mois
mesa table
metálico: pagar en metálico payer en liquide
metro métro, mètre
mezclar mélanger
mezquita mosquée
mi mon, ma (voir grammaire)
mí moi
microondas micro-ondes
miedo: tengo miedo (de) j'ai peur (de)
miel miel
mientras pendant que; **mientras que** alors que
miércoles mercredi
minibús navette
mínimo minimum
minuto minute
mío(a) le mien, la mienne (voir grammaire)
mirar regarder
mis mes (voir grammaire)
misa messe
mismo même; **lo mismo** la même chose; **yo/él mismo** moi-/lui-même
mitad moitié
mochila sac à dos
moda mode; **de moda** à la mode
moderno moderne
modo manière; **de todos modos** de toute façon
mois mes
mojado mouillé
molestar déranger
momento moment; **en este momento** en ce moment; **de momento** pour le moment

monasterio monastère
moneda pièce
monedero porte-monnaie
monja religieuse
monoesquí monoski
montaña montagne
monumento monument
morado violet
moreno brun, bronzé; **ponerse moreno** bronzer
morir mourir
mosca mouche
mosquito moustique
mostaza moutarde
moto moto
motor moteur
móvil (téléphone) portable
mucho beaucoup, très; **mucho ruido/ muchas fiestas** beaucoup de bruit/ de fêtes
mudo muet
muelle quai
muerte mort (n)
muerto mort (adj)
mujer femme
multa amende
mundo monde; **todo el mundo** tout le monde
murallas remparts
músculo muscle
museo musée
música musique
muslo cuisse
musulmán musulman
muy très

N

nacer naître; **nací el/en …** je suis né le/ en …; **nacido en …** né en/à …
nacionalidad nationalité
nada rien; **de nada** je vous en prie
nadar nager
nadie personne
naranja orange
nariz nez
nata crème fraîche
natación natation
naturaleza nature
náuseas: tener náuseas avoir la nausée
navegar naviguer
Navidad Noël; **¡Feliz Navidad!** joyeux Noël !
necesario nécessaire
necesitar: necesito j'ai besoin de
negativo négatif
negocios affaires
negro noir
nervioso nerveux; **poner nervioso** énerver
neumático pneu
nevar neiger
ni … ni … ni … ni …
niebla brouillard
nieto(a) petit-fils, petite-fille
nieve neige
ningún, ninguno, ninguna aucun, aucune; **en ningún sitio** nulle part
niño(a) enfant
no non, ne … pas; **no hay de qué** il n'y a pas de quoi; **no cuelgue** ne quittez pas
noche nuit, soir, soirée; **esta noche** ce soir; **por la noche** le soir, dans la soirée; **buenas noches** bonsoir, bonne nuit
nombre prénom, nom
norte nord
nos nous (voir grammaire)
nosotros(as) nous (voir grammaire)
nota note, mot

notar sentir
noticia nouvelle; **las noticias** les nouvelles
novela roman
noviembre novembre
novio(a) petit copain, petite copine, fiancé(e)
nube nuage
nublado nuageux
nuestro(a) notre, le nôtre, la nôtre (voir grammaire)
nuestros(as) nos, les nôtres (voir grammaire)
nuevo nouveau, neuf; **de nuevo** à nouveau; **el Año Nuevo** le nouvel an
nueces noix
número numéro, nombre, pointure
número de teléfono numéro de téléphone
número personal code confidentiel
nunca (ne) jamais

O

o ou
objetivo objectif
objeto objet
obligatorio obligatoire
obra de teatro pièce de théâtre
obras travaux
observar remarquer
océano océan
octubre octobre
ocupado occupé
ocuparse de s'occuper de
ocurrir se passer
odiar détester
oeste ouest
ofendido vexé
oferta promotion
oficina bureau
oficina de turismo office de tourisme
oficio métier
ofrecer offrir
oír entendre
ojo œil
ola vague
oler sentir; **oler bien/mal** sentir bon/mauvais
olor odeur
olvidar oublier
ópera opéra
operarse se faire opérer
oportunidad occasion
óptico opticien
ordenador ordinateur; **ordenador portátil** ordinateur portable
ordenar ranger
oreja oreille
organizar organiser
orgulloso fier
origen origine
oro or; **de oro** en or
orquesta orchestre
oscuro foncé
ostra huître
otoño automne
otro(a) autre, un autre, une autre; **otros/as** d'autres; **otra vez** de nouveau

P

paciente patient
padre père; **padres** parents
pagar payer
página page
país pays
paisaje paysage
Países Bajos Pays-Bas
pájaro oiseau

palabra mot
palacio palais
paloma pigeon
pan pain
panadería boulangerie
pantalones pantalon
pantalones cortos short
pañal couche
pañuelo mouchoir, foulard
papel papier
papel higiénico papier toilette
paquete paquet
para pour
parada arrêt
paraguas parapluie
parar arrêter, s'arrêter
pararse s'arrêter
parecer avoir l'air; **parece que ...** il paraît que ...
parecido semblable
pared mur
parque parc
parte partie; **formar parte de** faire partie de; **por todas partes** partout
partido match
partir: a partir de à partir de
pasado passé, dernier; **el año pasado** l'année dernière; **pasado mañana** après-demain
pasajero passager
pasaporte passeport
pasar passer, se passer
pasas raisins secs
Pascua Pâques
pasear se promener
paseo promenade; **dar un paseo** se promener
paso: estar de paso être de passage
pasta pâtes
pasta de dientes dentifrice
pastel gâteau
pastelería pâtisserie
patata pomme de terre
patatas fritas frites, chips
patines rollers
pato canard
pavo dinde
peaje péage
pecho poitrine
pedazo morceau
pedir demander, commander
peine peigne
pelar peler
pelarse peler
película film
peligroso dangereux
pelirrojo roux
pelo poil, cheveux
pelota ballon, balle
peluquería salon de coiffure
pena peine; **merece la pena** ça vaut la peine; **es una pena** c'est dommage; **¡qué pena!** quel dommage !
pendientes boucles d'oreilles
pensar penser, réfléchir; **pensar en** penser à
peor pire
pepino concombre
pequeño petit
pera poire
percha cintre, tire-fesses
perder perdre, rater
perderse se perdre
perdón pardon
perdone excusez-moi
perfecto parfait
perfume parfum
periódico journal
permitir permettre
pero mais

perrito caliente hot dog
perro chien
persona personne
pesado lourd
pesar peser
pescadería poissonnerie
pescado poisson
pescar pêcher
peso poids
pez poisson
picadura piqûre
picante piquant
picar piquer, démanger, manger un bout
picnic pique-nique; **ir de picnic** pique-niquer
pie pied
piedra pierre
piel peau
pierna jambe
pieza de recambio pièce de rechange
pijama pyjama
pila pile
píldora pilule; **píldora del día siguiente** pilule du lendemain
pimienta poivre
pimiento piment, poivron
pinchar piquer, crever
pinza pince à linge
piña ananas
pipa pipe
piqueta sardine (de tente)
piscina piscine
piso étage, appartement
plancha fer à repasser; **a la plancha** grillé
planchar repasser, griller
plano plat
plano plan
planta plante, étage
planta baja rez-de-chaussée
plástico plastique
plata argent
plátano banane
plato assiette, plat; **primer plato** entrée; **segundo plato** plat de résistance
playa plage
plaza place, emplacement
plaza de toros arènes
pobre pauvre
poco peu; **poco tiempo** peu de temps; **pocas chicas** peu de filles; **poco a poco** petit à petit
poder pouvoir; **puedo** je peux; **puede** il peut
policía police
policía agent de police
pollo poulet
polvo poudre, poussière; **hecho polvo** crevé
pomada pommade
pomelo pamplemousse
poner mettre; **pongo** je mets
poquito: un poquito un peu
por par, pour; **por hora** par heure
porque parce que
¿por qué? pourquoi ?
portátil ordinateur portable
portero concierge
Portugal Portugal
portugués, portuguesa Portugais(e)
posible possible; **lo antes posible** le plus tôt possible
postal carte postale
postre dessert
potable potable; **no potable** non potable
práctico pratique
precio prix

precioso beau
preferir préférer
prefijo indicatif
pregunta question
preguntar demander
premio prix
preocuparse s'inquiéter
preparar préparer
presentar présenter
preservativo préservatif
prestado: pedir prestado emprunter
prestar prêter
prevenir prévoir
prever prévoir
primavera printemps
primero premier, d'abord
primo(a) cousin(e)
principiante débutant
principio début; **al principio** au début
prisa: tener prisa être pressé; **¡date prisa!** dépêche-toi !
prismáticos jumelles
privado privé
probador cabine d'essayage
probar essayer, goûter
problema problème
producto produit
profesor, profesora professeur
profundo profond
programa émission
prohibido interdit (de); **prohibido aparcar** stationnement interdit
prometer promettre
pronto bientôt
pronunciar prononcer
propietario propriétaire
propina pourboire
proponer proposer
propósito: a propósito exprès
proteger protéger
protegerse se protéger
protestante protestant
provecho: ¡buen provecho! bon appétit !
próximo prochain; **¡hasta la próxima!** à la prochaine !
publicidad publicité
público public
pueblo village, peuple
puedo je peux
puente pont
puerro poireau
puerta porte
puerto port
pulmón poumon
pulpo poulpe
pulsera bracelet
punto point; **en punto** pile
puño poignet
puro cigare

Q

que que, qui, quoi
¿qué? que ?, quoi ?, qu'est-ce que ?, quel(s)/quelle(s) ?
quedar rester, avoir rendez-vous, se donner rendez-vous; **no queda/que-dan ...** il n'y a plus de ...; **le queda bien** ça vous va bien; **quedarse** rester
quejarse se plaindre
quemadura brûlure
quemar brûler; **quemarse** se brûler, prendre un coup de soleil
querer vouloir, aimer; **quisiera** je voudrais; **quiere decir** ça veut dire
queso fromage
quien qui; **¿quién?** qui ?

quiosco de periódicos marchand de journaux
quitar enlever
quizá peut-être

R

radiador radiateur
radio radio
rápido rapide, vite
raqueta raquette
raro bizarre
rata rat
ratón souris
rayos X rayons X
realidad: en realidad en réalité
realmente vraiment
rebajas soldes
recado message
recepción réception; **en recepción** à la réception
receta recette, ordonnance
recibir recevoir
recibo reçu
reciente récent
recoger ramasser, prendre
recogida levée
recogida de equipajes retrait des bagages
recomendar recommander
reconocer reconnaître
recordar se souvenir (de); **me recuerda …** ça me rappelle …
recto droit; **todo recto** tout droit
recuerdo souvenir
reducir diminuer
refugio refuge
regalar offrir
regalo cadeau
regla règles; **tener la regla** avoir ses règles
reina reine
Reino Unido Royaume-Uni
reír rire
relajarse se détendre
rellenar remplir
reloj montre
remitente expéditeur
remitir faire suivre
remontes remontées mécaniques
reñir se disputer
repatriar rapatrier
repetir répéter
repostería pâtisserie
resaca gueule de bois
reserva réservation
reservado réservé
reservar réserver
resfriado rhume
responder répondre
respuesta réponse
restaurante restaurant
resto reste
retraso retard
retrato portrait
reúma rhumatismes
revelado développement
revelar faire développer
revista revue
rey roi
rico riche
riesgo risque
riñón rein
río rivière, fleuve
rizado bouclé
robar voler
robo vol
rodilla genou
rojo rouge
rollo: es un rollo c'est chiant
románico roman

romper casser
ron rhum
roncar ronfler
ropa vêtements
ropa interior sous-vêtements
rosa rose
roto cassé
rotonda rond-point
rubio blond
rueda roue
rueda de repuesto roue de secours
ruido bruit
ruinas ruines

S

sábado samedi
sábana drap
saber savoir; **no sé** je ne sais pas
sabor parfum, goût
sacacorchos tire-bouchon
sacar sortir; **sacar dinero** tirer de l'argent; **sacar una foto** prendre une photo
sacerdote prêtre
saco de dormir sac de couchage
sal sel
sala de espera salle d'attente
salado salé
salchicha saucisse
salchichón saucisson
salida sortie, départ
salida de emergencia sortie de secours
salir sortir, partir
salmón saumon
salón salon
salsa sauce
salud santé; **¡salud!** santé !
salvaje sauvage
sandalias sandales
sandía pastèque
sangre sang
sardina sardine
sartén poêle
se se, on, vous (voir grammaire)
secador (de pelo) sèche-cheveux
secar sécher
sección rayon
seco sec
secretaria secrétaire
secreto secret
sed: tener sed avoir soif
seda soie
seguir suivre, continuer
segundo seconde
seguridad sécurité
seguro (adj) sûr
seguro (n) assurance
sello timbre
semáforo feu rouge
semana semaine; **entre semana** en semaine
Semana Santa semaine de Pâques
señal signe; **después de la señal** après le bip
señalizado indiqué
señas coordonnées
sencillo simple
senderismo: hacer senderismo faire de la randonnée
sendero sentier
Señor Monsieur
Señora Madame
señoras femmes
Señorita Mademoiselle
sentarse s'asseoir
sentido sens
sentirse se sentir; **no me siento bien** je ne me sens pas bien
separado séparé; **por separado** séparément
separarse se séparer

septiembre septembre
sequía sécheresse
ser être (voir grammaire); **soy de Madrid** je viens de Madrid; **es** c'est
serio sérieux
servicio service; **servicio incluido** service compris; **servicios** toilettes
servicio de grúa service de dépannage
servilleta serviette
servir (para) servir (à)
sesión séance
sexo sexe
shorts short
si si; **si no** sinon
sí (adv) oui
sí (pronom) lui, elle, vous, eux, elles
sidra cidre
siempre toujours
siento: lo siento je suis désolé
siesta sieste
siglo siècle
significar signifier
siguiente suivant
silencio silence
silla chaise
silla de ruedas fauteuil roulant
simpático sympathique
sin sans
sinagoga synagogue
sitio endroit, place
sitio web site Internet
slip slip
sobre (adv) sur; **sobre las dos** vers 2 heures
sobre (n) enveloppe, sachet
sobrino(a) neveu, nièce
sociedad société
socio membre
¡socorro! au secours !
sol soleil; **tomar el sol** bronzer
solo seul, juste, seulement
soltero célibataire
sombra ombre
sombrero chapeau
sombrilla parasol
somnífero somnifère
soñar (con) rêver (de)
sonido son
sonreír sourire (v)
sonrisa sourire (n)
sopa soupe
sordo sourd
sorprender étonner
sorpresa surprise
sótano sous-sol
su sa, son, leur, votre (voir grammaire)
suave doux
subir monter
subtitulado sous-titré
sucio sale
sudar transpirer
suelo sol; **en el suelo** par terre
sueño rêve, sommeil; **tengo sueño** j'ai sommeil
suerte chance; **¡buena suerte!** bonne chance !
suficiente assez
sufrir souffrir
sujetador soutien-gorge
sujetar tenir
súper super
supermercado supermarché
suplemento supplément
supositorio suppositoire
supuesto: por supuesto bien sûr
sur sud; **al sur (de)** au sud de
sus ses, leurs, vos (voir grammaire)
suyo(a) le sien, la sienne, le leur, la leur, le vôtre, la vôtre (voir grammaire)

T

tabaco tabac
tabla de surf planche de surf
tabla de wind-surf planche à voile
tableta cachet
taco gros mot
tal: ¿qué tal? ça va ?; **¿qué tal está?** comment allez-vous ?; **¿qué tal si …?** et si … ?; **tal vez** peut-être
talla taille
taller mecánico garage
tamaño taille
también aussi
tampoco non plus
tampón tampon
tan: tan bien/grande como … aussi bien/grand que ...; **tan bonito** si joli
tapa couvercle
tapón bouchon
tapones boules Quiès®
taquilla billetterie
tardar: tarda dos horas ça prend 2 heures
tarde (adv) tard, en retard
tarde (n) après-midi, soir; **a las cinco de la tarde** à 5h de l'après-midi; **buenas tardes** bonjour, bonsoir
tarifa tarif
tarjeta carte
tarjeta de crédito carte de crédit
tarjeta de visita carte de visite
tarjeta telefónica carte de téléphone
tarjeta Visa® carte Visa®
tarta tarte
tasas de aeropuerto taxes d'aéroport
taxista chauffeur de taxi
taza tasse
te te (voir grammaire)
té thé
teatro théâtre
tecla touche
teclear taper
telefonista standardiste
teléfono téléphone; **teléfono móvil** téléphone portable
telesilla télésiège
temperatura température
templo temple
temporal temporaire
temprano tôt
tender: tender la ropa étendre le linge
tenedor fourchette
tener avoir; **tengo** j'ai; **tiene** il a; **tener que** devoir; **tengo/tiene que ir** il faut que j'y aille/qu'il y aille
tenis tennis
terminar terminer
termo thermos®
termómetro thermomètre
ternera veau
terraza terrasse
terreno de camping terrain de camping
ti toi
tía tante, nana
tibio tiède
ticket de compra ticket de caisse
tiempo temps; **mucho tiempo** longtemps; **hace buen/mal tiempo** il fait beau/mauvais
tienda magasin, tente
tierra terre
tijeras ciseaux
timbre sonnette
timo arnaque
tinto vin rouge
tintorería pressing
tío oncle, mec
típico typique
tipo type
tirar jeter; **tirar a la basura** mettre à la poubelle

tirita pansement
toalla serviette
tobillo cheville
tocar toucher, jouer; **te toca …** c'est à ton tour de …
todavía encore; **todavía no** pas encore; **todavía más** encore plus
todo(a) tout(e)
todos(as) tous, toutes
tomar prendre; **tomar el sol** bronzer; **ir a tomar una copa** aller boire un verre
tomate tomate
tontería bêtise; **hacer/decir tonterías** faire/dire n'importe quoi
tonto bête
tópico cliché
torcer tordre; **me he torcido el tobillo** je me suis tordu la cheville
tormenta orage
tortilla omelette
tos toux
toser tousser
trabajar travailler
trabajo travail
tradición tradition
tradicional traditionnel
traducir traduire
traer amener, apporter
tráfico circulation
traje de baño maillot de bain
tranquilo tranquille
transferencia virement
tranvía tramway
trapo torchon
trasbordo changement
través: a través de à travers
tren train
trozo morceau, bout
tu ton, ta (voir grammaire)
tú tu, toi (voir grammaire)
tubo de escape pot d'échappement
tumbarse s'allonger
turista touriste
turístico touristique
tus tes
tuyo(a) le tien, la tienne (voir grammaire)

U

últimamente ces derniers temps
último dernier
un(a) un(e) (voir grammaire)
unión: la Unión Europea l'Union européenne
universidad université
uno un
unos(as) des, quelques (voir grammaire)
uña ongle
urgencias urgences
urgente urgent
usar utiliser; **de usar y tirar** jetable
usted, ustedes vous (voir grammaire)
útil utile
utilizar se servir de
uva raisin

V

vaca vache
vacaciones vacances; **de vacaciones** en vacances
vacío vide
vacuna vaccin
vacunado vacciné
vagón voiture
vainilla vanille
vale ok
valer valoir; **vale …** ça vaut …
válido valable
valle vallée
valor courage

vaqueros jean
varios(as) plusieurs
vaso verre
vaya: ¡que te/le vaya bien! bonne continuation !
Vd, Vds vous
veces: a veces quelquefois; **pocas veces** pas souvent
vecino voisin
vegetariano végétarien
vela bougie, (bateau à) voile
velocidad vitesse
vendaje bandage
vendedor vendeur
vender vendre
venir venir
ventana fenêtre
ventilador ventilateur
ver voir, regarder
verano été
verbena fête foraine
verdad vérité; **¿verdad?** n'est-ce pas?
verdadero vrai
verde vert
verduras légumes
vestido robe
vestirse s'habiller
veterinario vétérinaire
vez fois; **otra vez** à nouveau; **en vez de** au lieu de; **de vez en cuando** de temps en temps
viajar voyager
viaje voyage
vida vie
vídeo cassette vidéo
videojuego jeu vidéo
vidrieras vitraux
vieira coquille Saint-Jacques
viejo vieux
viento vent
vientre ventre
viernes vendredi
vigilar surveiller
vinagre vinaigre
vino vin; **vino blanco/tinto/rosado** vin blanc/rouge/rosé
violación viol
visado visa
visita visite; **visita guiada** visite guidée
visitar visiter; **visitar a** rendre visite à
vista vue
viudo(a) veuf, veuve
vivienda logement
vivir vivre, habiter
vivo vivant
vocal voyelle
volar voler
voleibol volley(-ball)
volver revenir; **volver a casa** rentrer à la maison; **volver a hacer** faire à nouveau; **volver a llamar** rappeler
volverse devenir
vomitar vomir
vosotros(as) vous (voir grammaire)
voz voix
vuelo vol
vuelta retour, coin
vuestro(a) votre, le vôtre, la vôtre (voir grammaire)
vuestros(as) vos, les vôtres (voir grammaire)

Y

y et
ya déjà; **ya no** plus; **ya que** puisque
yo je, moi (voir grammaire)
yogur yaourt

Z

zanahoria carotte
zapatillas deportivas tennis
zapatos chaussures
zona région
zumo jus

FÊTES ET JOURS FÉRIÉS

Jours fériés nationaux

En Espagne, les jours fériés sont appelés **días festivos**. Ces jours-là, les administrations, les banques, les bureaux et la majorité des commerces sont fermés, mais la plupart des bars, restaurants, musées et autres lieux à visiter restent ouverts (bien qu'avec des horaires d'ouverture aménagés !).

1er janvier	**día de Año Nuevo** (jour de l'an)
6 janvier	**Día de los Reyes Magos** (Épiphanie)
mars ou avril	**Viernes Santo** (vendredi saint)
1er mai	**Fiesta del Trabajo** (le premier mai, fête du travail)
15 août	**Asunción** (Assomption)
12 octobre	**Día de la Hispanidad** (fête nationale)
1er novembre	**Día de todos los Santos** (Toussaint)
6 décembre	**Día de la Constitución** (Fête de la Constitution)
8 décembre	**Inmaculada Concepción** (Fête de l'Immaculée Conception)
25 décembre	**Navidad** (Noël)

Fêtes et festivals

Il semble qu'en Espagne, il y ait toujours une fête quelque part. La tradition des fêtes religieuses reste vivace mais toutes ces célébrations sont avant tout l'occasion de faire la fête. En été, chaque village a sa fête. Pour ne citer que les plus connues et les plus spectaculaires :

février Un peu partout en Espagne, on célèbre le carnaval. Le **carnaval de Cádiz** est sans aucun doute le plus célèbre en Espagne. Des groupes de musiciens appelés **chirigotas** défilent en passant en revue l'actualité sociale, culturelle et politique de l'année écoulée dans des chansons satiriques, spécialement composées pour l'occasion. Plus proche de l'exubérance du carnaval brésilien de Rio, le **carnaval de Tenerife** (aux îles Canaries) s'étale sur tout le mois de février. Chaque année, un thème est choisi et les habitants rivalisent d'inventivité pour créer des déguisements somptueux. À plus petite échelle, le **carnaval de Sitges** (sur la côte catalane) est réputé pour être le plus débridé.

mars Pour les célèbres **Fallas** qui se déroulent à **Valencia**, les habitants confectionnent pendant des mois des statues de carton-pâte géantes, qui sont autant d'allusions satiriques à l'actualité. Toutes sauf une seront pourtant brûlées lors de la **Nit del Foc** (nuit du feu) qui clôt cette célébration connue pour ses, feux d'artifice et pétards.

mars-avril Avec Noël, la **Semana Santa** (semaine de Pâques) constitue la fête la plus importante à l'échelle nationale. On se presse pour voir le défilé des confréries de **costaleros** soutenant sur leurs épaules une image du Christ ou de la Vierge, suivi de celui des pénitents (**penitentes**) vêtus de longues tuniques et de capuches pointues. Les processions les plus célèbres sont sans aucun doute celles de **Sevilla**, mais aussi celles de **Valladolid**, **Zamora**, **Murcia** ou **Cuenca**.

avril Non moins pittoresque, la **Feria de Sevilla** (également connue sous le nom de **Feria de abril**) se déroule tout juste deux semaines après la fin de la semaine sainte. Les Sévillans dressent des tentes sur les bords du Guadalquivir et revêtent leurs plus beaux costumes pour défiler à cheval le long des rues de la ville, danser la **sevillana** et chanter.

Pentecôte (7e dimanche après Pâques) À l'occasion de la **romería del Rocío** (le pèlerinagedu Rocío), des Andalous et Andalouses en costume traditionnel s'acheminent à cheval vers le village de **El Rocío**, accompagnés de plusieurs cortèges de charrettes richement décorées et tirées par des bœufs. Près d'un million de visiteurs vient suivre chaque année le cortège de la Vierge du Rocío dans les rues du village.

Juillet : Durant toute une semaine à partir du 7 juillet, la ville de **Pamplona** est investie pour la fête de **San Fermín**. Des taureaux sont lâchés dans les rues de la ville et conduits par une foule de jeunes téméraires jusqu'aux **encierros**, ces locaux attenant à l'arène où ils sont enfermés avant la corrida.

ADRESSES ET NUMÉROS UTILES

Avant de partir, vous pouvez obtenir bon nombre d'informations auprès de **l'Office espagnol du tourisme** :

En France

22, rue Saint-Augustin, 75002 Paris
Téléphone : 01 45 03 82 50
Site Internet : www.spain.info/fr_FR

En Belgique

rue Royale, 97, 1000 Bruxelles
Téléphone : (+32) 280 19 26
Site Internet : www.spain.info/fr_BE

En Suisse

15 rue Ami-Lévrier, 1201 Genève
Téléphone : (022) 731 11 33
Site Internet : www.spain.info/fr_CH

Ambassade de France

c/ Salustiano Olózaga, 9
28001 Madrid
Téléphone : (+34) 91 423 89 00
Site Internet : www.ambafrance-es.org/france_espagne/

Ambassade de Belgique

Paseo de la Castellana, 18 (6º)
28046 Madrid
Téléphone : (+34) 91 577 63 00
www.diplomatie.be/madrid

Ambassade de Suisse

c/Núñez de Balboa, 35
Edificio Goya
28001 Madrid
Téléphone : (+34) 91 436 39 60
Numéro de téléphone d'urgence en Espagne : 112

Crédits photographiques

.shock - 2bloid - Abel Tumik - adriano77 - afxhome - alejandro dans - Alekss - Alena Yakusheva - Alexander Maier - ALEXANDER PODSHIVALOV - Alexander Yakovlev - Alexey Klementiev - ampFotoStudio.com - Ana Baron - anankkml - Anatoliy Sadovskiy - Anatoly Maslennikov - Anatoly Tiplyashin - Andrzej Tokarski - angelo sarnacchiaro - Anibal Trejo - Anna Khomulo - apfelweile - Ariwasabi - artjazz - Arturo Limón - Asparuh Stoyanov - auris - austinadams - azotea - babimu - badahos - Beata Wojciechowska - Beboy - BELLINI.ORLANDO - Bertrand Manière - Beth Van Trees - Brian Jackson - Bruce Parrott - chiyacat - chris - Chris Elwell - Clivia - Constantinos - Coprid - cristi180884 - daboost - Daniel Ouellette - Dariusz T. Oczkowicz - david hughe - de_marco - Denis Pepin - diego cervo - dim@dim - Dmitry - dobrinya - drx - Dumitru Andrei - Duncan Noakes - dutourdumonde - Edyta Pawlowska - Elena Elisseeva - Elnur - emily2k - eovsyannikova - Eric Isselée - Eric IsselŽe - Erick Nguyen - Ericos - ettocecco - felinda - Feng Yu - ferrerivideo - Fotios Karakasis - Fotofermer - FotolEdhar - FRANCK CAMHI - frederique3 - Gabi Lungu - Gelpi - gemena communication - genialbaron - Gino Santa Maria - GoodMood Photo - Gordana Sermek - gudrun - gunnar3000 - Hanna Bosak - Henrik Larsson - holiday5554 - HORIKOSHI,S - iaroslava - igor syrbu - igor terekhov - IKO - Ilyes Laszlo - Inna Yakusheva - Ionescu Bogdan - Iosif Szasz-Fabian - Irina Solatges - Isaiah Shook - Ivan Bliznetsov - ivan kmit - jace - Jaimie D. Travis - jean song - Jean-Claude Drillon - JG Swanepoel - Johnny Lye - Jonathan Lim Yong Hian - joserpizarro - Joss - Joy Fera - Julian Rovagnati - Julián Rovagnati - Juri Samsonov - Justina Lyn - kapp - karam miri - Karen Roach - Kathleen Melis - Kayros Studio - kontur-vid - Koufax73 - Kudrin Ruslan - lamax - Larry Malvin - Lasse Kristensen - Lebedev Valeriy - Leonid Nyshko - Liliia Rudchenko - Ljupco Smokovski - Marc Dietrich - margouillat photo - Maria Mitrofanova - Marianne Guntow - Mariano N. Ruiz - Marilyn Barbone - Marina Gorskaya - Mariusz Prusaczyk - martine wagner - MartinW - Massimiliano Gallo - matin - matka_Wariatka - Meliha Gojak - Michel Bazin - MIGUEL GARCIA SAAVED - Mist - Nadezda Verbenko - nastazia - neirfy - Nghe Tran - Nicholas Piccillo - Nikolai Sorokin - Nikolai Tsvetkov - nito - NJ - nuttakit - objectsforall - OLEG PALCHIK - Olga Lyubkin - Olga Sapegina - Olivier Le Moal - PA - Pakhnyushchyy - pakiwa - Patrice BOUCHER - Patrick Bombaert / Capture CrŽat - Patrick Hermans - Paul Moore - Perytskyy - photlook - photomaru - Piotr Przeszlo - Pixlmaker - pressmaster - Rafa Irusta - Rainer Walter Schmie - RENE OERTEL - Rido - Robert Babczynski - romaneau - Ruzanna Arutyunyan - Sahara Nature - Sander - Sandra van der Steen - Sapsiwai - saras66 - Sébastien MIN - seccotine - Serghei Platonov - Sergii Figurnyi - Sergio Martínez - Sergio Matínez - shadowvincent - Simon Coste - ssphotographyinc - steamroller - Stefan Andronache - stickmyhome - Studio1907/Netfalls - Tamara Kulikova - Thomas Brostrom - Thomas Launois - Thongsee Muellek - Timonova Ekaterina - Tinka - Tommy Schultz - Tomo Jesenicnik - TONO BALAGUER - uckyo - Ulf - Unspecified - Valentyn Volkov - Valeriy Kalyuzhnyy - Valua Vitaly - van der Steen - van der Steen Fotografie - vikiri - Vinicius Tupinamba - Vladimir Blinov - William Wang - yasonya - Yuri Arcurs - zakaz - zirconicusso -

PAPIER À BASE DE FIBRES CERTIFIÉES

HARRAP s'engage pour l'environnement en réduisant l'empreinte carbone de ses livres. Celle de cet exemplaire est de :
450 g éq. CO_2
Rendez-vous sur www.larousse-durable.fr

Imprimé en Espagne par Unigraf
Dépôt légal : février 2018
320795-01/11037044-février 2018